君子人格六講

牟鍾鑒 著

中華書局

序言

我在中央民族大學教書三十餘年，看到一批一批的各民族青年學子健康成長，畢業後在各地各領域發揮生力軍作用，深感國家有光明前途，人民教師職業光榮。

當前我國教育事業正處在改革創新的關鍵時期，從智力教育為主轉變到德才兼備、德智體全面發展是不容易的，仍面臨諸多挑戰。中小學學生面臨升學率和升名校的困擾，大學生面臨拿學位、找工作的壓力，都過得不容易。但是立德樹人的大目標是明確的，我們要堅定不移地向這個目標奮進。學校的德育課，有的由於脱離實際、教條氣息較重，對學生的吸引力不大，效果始終不佳。

這幾年我一直在想，數千年中華文明培育出無數精英，成就了中華民族的偉大，使之歷久彌新，其祕密在哪裏？我認為在道德教化。其中有兩點是突出的：一是提煉出「君子」作為人格養成的範式，成為道德自律和監督的公認標杆；二是結合做君子的道德要求，講好中國故事，用歷史真人真事，使道德理念呈現為活生生的人的言行，來感動青少年。

我們今天為什麼不借鑒這一成功的經驗，使德育教學活潑起來呢？於是我依據學習中華經典積累的經驗，結合自己生活中學習的體會，也參考了一些論君子文化的文章，用數年的不斷思考，構建起「君子六有」的理論框架，即：「一曰：有仁義，立人之基；二曰：有涵養，美人之性；三曰：有操守，挺人之脊；四曰：有容量，擴人之胸；五曰：有坦誠，存人之真；六曰：有擔當，盡人之責。」隨後又用一系列歷史故事作為例證，使之具象化。歷史故事涉及的人物，從孔子、孟子、司馬遷，直到現代革命家，共三十多位，他們都是中華精神在不同時期不同職守上的體現，都是君子人格的榜樣。

以上就是本書的緣起。我希望它能得到老師們的關注和使用，對改變德育課的「教訓」面孔和「灌輸」方式起點作用，推動德育向唐代大詩人杜甫《春夜喜雨》「隨風潛入夜，潤物細無聲」的境界邁進。當講君子、學君子、行君子成為學校普遍的風氣時，社會道德建設也會隨之出現新的面貌，我期待着這一天早日到來。

牟鍾鑒

2018 年秋

目錄

分講

總講

一　「五常」「八德」的歷史變遷

孔子「祖述堯舜，憲章文武」，集五帝（黃帝、顓頊、帝嚳、唐堯、虞舜）、三代（夏、商、周）之大成，在整理闡釋六經（刪《詩》《書》，訂《禮》《樂》，作《春秋》，修《易傳》）的基礎上，創立了仁禮之學，為中華民族的發展確立了「仁和之道」的人本主義精神方向。

孟子繼孔子之業，仁義並舉，強調仁政、民本、士君子人格獨立。孔子、孟子、荀子及一批儒家學者共同努力，為社會人生提出核心價值觀和基本道德準則，形成中華民族重德性、重和諧的文化血脈和內在基因，這就是「五常」（仁、義、禮、智、信）和「八德」（孝、悌、忠、信、禮、義、廉、恥）。

儒家思想有常道與變道之別：「五常」是常道，儘管它帶有歷史的侷限性，但其基本內涵是文明的結晶，具有普適性，數千年傳承不息，使中華民族成為禮儀之邦；「三綱」

（君為臣綱、父為子綱、夫為妻綱）是變道，是君主專制制度和宗法等級社會的產物，不適於現代民主法治社會。

在帝制社會瓦解之後，民主革命的先行者孫中山先生，適應新時代的變化，廢止「三綱」，以「五常」「八德」為滋養，推出「新八德」：忠、孝、仁、愛、信、義、和、平。

「五四」新文化運動抨擊以「三綱」為代表的舊禮教是應當和必須的。但是文化激進派在「全盤西化」論和「唯科學主義」論支配下，掀起「打倒孔家店」的狂潮，提出「漢字不滅，中國必亡」的漢字取消論，不分精華與糟粕，全盤否定中華傳統文化，實行「文化自戕」，停止經典訓練，使許多中國人，尤其知識界喪失文化自信，不知道「五常」是常道，不知道「五常」不應該打倒，也打不倒，否則禮儀之邦就要解體了；他們也不知道漢字是中華民族共同文化的載體，漢字如被廢除，漢族將會離散，國家將無通行文字，古今將會斷裂，害莫大焉。

雖然一些有識之士主張對傳統要批判地繼承，走融會中西、貫通古今的文化之路，但扭轉不了「歐風美雨」的大氣候，中華傳統美德的根基受到重創，中國人離孔子儒學漸行漸遠，一些人變得重利輕義、重個體輕宗族、重爭鬥輕和諧，甚至道德滑坡。

中華人民共和國成立以後，中華民族自強不息、勤勞勇敢的精神得到發揚，但受「貴鬥」哲學的影響，批孔仍然在繼續，「文化大革命」批孔反儒運動時，傳統禮俗一概被視為「舊文化」並遭到橫掃，造成大災難、大浩劫。十一屆三中全會的撥亂反正，使中國人痛定思痛，意識到要對中華傳統文化重新審視，把拋棄已久卻仍然需要傳承下去的優秀文化找回來，讓它從遊魂落實到民眾的根基上，使中華精神發揚光大，重建禮儀之邦，用以支撐社會主義現代化事業，實現中華民族的偉大復興。時至今日，對中華優秀傳統文化的發掘和闡發，進一步明確了「中華優秀傳統文化是社會主義核心價值觀的重要源泉」這一共識，也彰顯出民族復興路上的文化自信與文化自覺。

至於漢字落後論和取消論，已經偃旗息鼓，漢字展現出維繫中華文化共同體的巨大紐帶功能、獨特的審美價值並成功跨入信息技術時代，漢字簡化也由於諸多弊端而就此止步。

由於道德傳統長期受損、市場經濟缺乏倫理規範制約、拜金主義盛行、經濟社會發展受到歪風邪氣的強烈衝擊、物質文明與精神文明建設之間差距拉大，嚴重阻礙現代化事業的順利運行。

痛苦的教訓使主流社會認識到，現代社會依然離不開傳統美德。一個強盛的現代中國，在成為經濟、軍事強國的同時必須是文化強國，如此才能自立於世界民族之林，況且中華優秀文化可以也需要走向世界，為人類克服各種危機、實現和平可持續發展，提供極有價值的中國智慧。於是，以「五常」「八德」為底色的道德重建工程就嚴峻地擺在每個中國人面前。

二　重鑄君子人格、造就道德群英的必要性

當下，我們遇到的問題是如何重建禮儀之邦？如何重建道德中國？

我認為，中華優秀傳統文化和美德由三大要素構成：一是古代經典，主要是儒家「四書五經」，它包含着中華道德文化基因，能將基本道德規範不斷向社會輻射、代代相傳；二是核心價值，主要是「五常」「八德」，它使全社會的道德行為有歸向、有共識，並通過移風易俗，廣泛滲透到民眾的日常生活之中，成為道德自律和輿論監督的準繩；三是君子群體，他們是道德精英，具有「仁、智、勇」三達德，因而有感召力，能夠在社會各領域、各階層起模範帶領作用。

孔子說：「人能弘道，非道弘人。」經典是載道的，「五常」「八德」是述道的，君子是弘道的；經典需要君子活讀活用，「五常」「八德」需要君子以身作則、帶頭踐行；沒有君子精英群體，經典和道德理念就無法落實到日常生活中。

當前中國道德建設要抓四件大事：一是抓好教育，立德樹人；二是建設職業道德，遵守行規章法；三是完善社區鄉里管理，推動良風美俗；四是狠抓反腐倡廉，清整官德。

然而這四件大事都需要一大批道德精英去參與、去推動，沒有他們的參與，「五常」「八德」還是遊魂，還是口頭或文字的東西，落不到實處。辦好家庭教育、學校教育，需要家長、教師品德優良、言傳身教；健全職業道德，規範市場行為，需要儒商帶領，業主以誠信為本；改善民間風氣，需要各地社會賢達示範教化，凝聚民氣；建設政治道德，需要清官廉官守正愛民，拒絕腐蝕，永不沾染。

這些道德精英便是孔子儒學着力表彰的君子。孟子強調要「使先知覺後知，使先覺覺後覺」，人們的道德覺悟總有先有後，那些有社會責任心的君子不會坐等社會風氣變好，而能自覺地守道德、行道德，抵制惡風濁俗，用正能量影響周邊的人，這樣，君子越來越多，風氣也隨之逐漸變好。

官員雖是少數人，但他們承擔着管理社會的職責，對於道德風尚的作用是巨大的，對其轄區往往有着主導性的影響。

因此，在依法治貪的同時，必須使官員樹立以清廉為榮、以腐敗為恥的榮辱觀，不僅不敢貪，也不願貪；《中庸》說「知恥近乎勇」，無恥則無人格尊嚴，知恥才能從根本上治貪。

三　君子在儒家道德學說中的地位

「君子」語詞最早源於「君」這個古字。

《儀禮．喪服傳》：「君，至尊也。」注曰：「天子諸侯及卿大夫有地者皆曰君。」《說文解字》釋「君」：「尊也，從尹；發號，故從口。」《漢字圖解字典》釋「君」：「會意字，從尹、從口，像手執權杖，發號施令。」

可見，「君」字的本意是有權位的人，古史中有諸多稱謂，如「國君」「君王」「君主」「儲君」「平原君」「商君」等。

「君」加「子」即「君子」，用以稱呼「男性」「男朋友」。如《詩經．周南．關雎》：

「窈窕淑女，君子好逑。」《詩經．召南．草蟲》：「未見君子，憂心忡忡。」這是「君子」用語平民化的第一步。

孔子是中華民族的精神導師，也是道德大師。他在創建仁禮之學的過程中，把「君子」這一概念進一步提升為形容道德人格的概念，從原來指向「尊貴」社會地位的君子，改變為主要指向人的道德品性，從而確立了「君子」這一理想人格範式，把中華美德凝結在人的主體生命之中，使如何「做人」成為中華思想的主題，使「修己以安人」成為儒學精髓所在，影響中國兩千多年，其貢獻是偉大的。

在孔子之後，孟子、荀子等諸家，包括《易傳》《禮記》，對君子之德都有大量論述。漢魏以降，直至近代，士林學人推尊君子人格者所在多有，漸普及於民間，遂成為久傳不絕的民族集體意識。

近代著名學者辜鴻銘在發表於 1914 年的《中國人的精神》一書中指出：

孔子全部的哲學體系和道德教誨可以歸納為一句，即「君子之道」。

又說：

孔子在國教中教導人們，君子之道、人的廉恥感，不僅是一個國家，而且是所有社會和文明的合理的、永久的、絕對的基礎，除此之外，別無其他。

這是一個精闢的論斷。儒家把君子放在提升人們道德境界的關鍵位置上。儒家認為依道德高低的層次，可將人分為四種：最高一層是聖賢，人倫之至，萬世師表，雖不能至而心嚮往之，如至聖孔子、亞聖孟子，還有各個時代的大賢德者；中上層是君子，以德修身，嚴於律己，關愛他人，受人尊敬，人們只要努力修養便可成為君子；中層是眾人，可稱為好人，做人不突破底線、不損害他人，但不重涵養，難免有些不良積習；下層是小人，特別計較眼前私利，時常損害他人和公共利益，以缺乏德行而受到社會道德輿論的責備，但不至於嚴重違法。

在小人之下尚有罪人，已不屬於道德輿論評價範疇，既缺乏德行又嚴重違法，如偷盜、搶劫、欺詐、綁架、殺人、作亂，需要繩之以法、齊之以刑。

儒家認為，以聖賢標準要求眾人，標準失之過高，與生活距離太遠，不容易起作用，或者出現偽善，便走向反面；如以好人作為道德標準，不是壞人便是好人，標準失之過低，激勵作用不足。

孔孟諸儒之所以大聲呼喚有德君子，蓋在於君子既寄託了中華道德理想，又是可以效仿的榜樣，它在人們面前不遠的地方，只要好學力行便可到達。學做君子是儒家推行道德教化的有效途徑。

四　儒家君子論內涵豐富

孔子及其弟子留下的《論語》，「君子」共出現 107 次，是諸用語之首。其特點是常常將「君子」與「小人」對舉，互相發明。

孔子對君子的品性、行事、戒懼以及在不同場合的作為，都有全面的、立體化的表述，背後也都有歷史故事作為例證，用心良苦，以此為弟子確立一個如何做人的目標。

孔子一生開辦民間私學，有教無類，培養出大批君子，為後世塑造青少年靈魂的教師群體樹立了榜樣。孔子論述君子與小人的話語中有兩句最為典型：「君子喻於義，小人喻於利。」「君子和而不同，小人同而不和。」「喻」，曉也。君子從內心裏認知正義和公益，以「義」為立身行事的準則，非義不為。小人則處處以個人私利的考量來行事。

兩者在價值觀上沒有共同語言：在小人看來，君子的道德堅守是愚笨；在君子看來，小人的損人利己是卑鄙。

由此引出在群己關係上兩者的不同：「君子和而不同，小人同而不和。」君子講仁重義，能夠推己及人，尊重他者，包容差異，和諧共處，這就是「和而不同」；小人重利為己，喜歡拉幫結夥，唯我是從，鈎心鬥角，必然「同而不和」。

我們可以把「義利之辨」「和同之辨」視為識別君子與小人的綱要，如此，君子之道便會綱舉目張，易於完整把握。

孟子和荀子論君子亦有多種表述，且新意迭出。如孟子講：「君子莫大乎與人為善。」「君子以仁存心，以禮存心。」「君子有三樂，而王天下不與存焉。父母俱存，兄弟無故，一樂也；仰不愧於天，俯不怍於人，二樂也；得天下英才而教育之，三樂也。」「君子之所以教者五：有如時雨化之者，有成德者，有達財（材）者，有答問者，有私淑艾者。此五者，君子之所以教也。」

孟子很用心於君子之德的教育實踐，其論士、論大丈夫亦是其君子論的精彩篇章。

荀子說：「君子之學也，入乎耳，箸（貯）乎心，佈乎四體，形乎動靜。」「士君子不為貧窮怠乎道。」「君子易知而難狎，易懼而難脅，畏患而不避義死，欲利而不為所非。」「君子崇人之德，揚人之美，非諂諛也；正義直指，舉人之過，非毀疵也。」「君子養心，莫善於誠。致誠，則無它事矣。唯仁之為守，唯義之為行。」荀子論君子，以「誠」為魂，抓住了要害；他強調君子在性情上一如常人，行為與民眾交融，只是不偏離仁義這條中軸線。

產生於戰國時期的《易傳》是對《易經》的理論解釋，由儒道兼綜的儒學群體所撰，其論君子頗多精到之處。如：《乾卦．象》曰：「天行健，君子以自強不息。」《文言》曰：「元者，善之長也；亨者，嘉之會也；利者，義之和也；貞者，事之幹也。君子體仁，足以長人，嘉會足以合禮，利物足以和義，貞固足以幹事。君子行此四德者，故曰『乾：元亨利貞。』」「子曰：『君子進德修業。忠信，所以進德也。修辭立其誠，所以居業也。』」《坤卦．象》曰：「地勢坤，君子以厚德載物。」《繫辭上》曰：「一陰一陽之謂道。繼之者善也，成之者性也。仁者見之謂之仁，智者見之謂之智。百姓日用而不知，故君子之道鮮矣。」《繫辭下》曰：「是故君子安而不忘危，存而不忘亡，治而不忘亂，是以身安而國家可保也。」

當代國學大師張岱年先生把「自強不息」與「厚德載物」視為中華精神的兩個側面：開拓奮進和海納百川。

當代新理學大師馮友蘭先生在《三松堂自序》中引用「修辭立其誠」來反思自己的人生。可見《易傳》論君子影響多麼深廣。

《大學》曰：

人之視己，如見其肺肝然，則何益矣。此謂誠於中，形於外，故君子必慎其獨也……富潤屋，德潤身，心廣體胖，故君子必誠其意。

是故君子有諸己而後求諸人，無諸己而後非諸人。

《中庸》云：

仲尼曰：「君子中庸，小人反中庸。君子之中庸也，君子而時中；小人之反中庸也，小人而無忌憚也。」

君子和而不流。

故君子尊德性而道問學，致廣大而盡精微，極高明而道中庸。

是故君子動而世為天下道，行而世為天下法，言而世為天下則。

君子內省不疚，無惡於志。

《大學》與《中庸》原為《禮記》中的兩篇，朱熹將其拔出，與《論語》《孟子》並列為「四書」，與「五經」同尊。

《大學》開篇云：「大學之道，在明明德，在親民，在止於至善。」此是三綱領，而後才有八條目。

「大學之道」，一是對應「小學」（灑掃應對進退之節）而言，它是教人以窮理、正心、修己、濟世的大道理；二是對應「小人」而言，它是教人學做大人之道，即君子之道，先立乎其大者。

大人與小人、君子與小人之不同在於立志：大人和君子立志於「仁以為己任」，推行仁義於天下百姓；俗子和小人立志於求一己之私利，只求自己富貴榮華而置民生他者於不顧。儒家講「修、齊、治、平」，關鍵在於修己而為君子。由此可知，君子之道在儒家價值觀中居於崇高的地位。

《大學》與《中庸》論君子，在要求上很嚴，君子不僅要「慎獨」，還要治國安邦、遵循中庸達到「時中」即與時俱進、把德性與學問結合起來，既有廣度又有深度，既有高度又切實用。

馮友蘭先生家中有一副對聯，上聯是「闡舊邦以輔新命」，下聯是「極高明而道中庸」。上聯來自《詩經》，表示他的哲學使命是探究古代哲人智慧以推動新中國建設；下聯取自《中庸》，表示他的新哲學特色在於把天人之道與日用倫常相結合。

《禮記》其他篇章，論君子所在多有。如《曲禮上》：「博聞強識而讓，敦善行而不怠，謂之君子。」《曲禮下》：「君子行禮，不求變俗。」《禮器》：「君子之於禮也，有所竭情盡慎，致其敬而誠若，有美而文而誠若。」《學記》：「君子如欲化民成俗，其必由學乎！玉不琢，不成器，人不學，不知道。是故古之王者建國君民，教學為先。」「君子知至學之難易，而知其美惡，然後能博喻，能博喻然後能為師，能為師然後能為長，能為長然後能為君。」《祭義》：「君子反古復始，不忘其所由生也。」《坊記》：「子云：『君子辭貴不辭賤，辭富不辭貧，則亂益亡。』」《表記》：「君子隱而顯，不矜而莊，不厲而威，不言而信。」「子曰：『仁之難成久矣！惟君子能之。是以君子不以其所能者病人，不以人之所不能者愧人。』」《禮記》論君子側重於以誠行禮和教學為先，在人際關係上強調不以己之長責人之短，乃是孔子「躬自厚而薄責於人」之義。

此外，《墨子》中也有論君子之言，如《親士》：「『非無安居也，我無安心也；非無足財也，我無足心也。』是故君子自難而易彼，眾人自易而難彼。」強調君子與眾人的區別在於君子重義，故不把享受放在心上，而眾人重慾，故盡力去追求。

儒家君子論又不把君子與小人的區別絕對化、靜態化，而認為兩者之差別是相對的、動態的。以義利之辨而言，君子並非不言利，小人求利也並非全然不對，這其間有個分寸的把握問題。

人皆有求富貴、惡貧賤之心，這是人性使然，君子與小人之不同，不在求利而在得之是否正當。孔子說：「富與貴是人之所欲也，不以其道得之，不處也。」君子見利思義，得之以道；小人見利忘義，得之以非道。

例如，商人求利乃天經地義，守法誠信者即為君子，違法欺詐者即為小人，其嚴重者為罪人。現今人稱儒商者，不僅能夠合法經營，而且取之於社會又回報於社會，將部分利潤用於公益慈善事業，這樣的君子不是多了而是少了，儒商多起來會推動市場經濟健康運行，為人民的富裕生活做貢獻。

再如，維護個人正當權益（憲法和法律規定的公民權利，如信仰自由、人身安全、知識產權等），非但不是小人，還能起到維護法律尊嚴的作用，有益於社會的正常運行。在此，個人利益就是社會公義。再說，社會上並沒有固定不變的君子群體和小人群體：

君子如怠學不勤、意志不堅，就會下降為小人；小人如能見賢思齊、內省改過，亦可上升為君子。

人性往往是善惡相混的，有時道德理性增強，有時私心物慾泛起；有人七分君子、三分小人，有人七分小人、三分君子；在起落中彼時為君子、此時為小人，彼時為小人、此時為君子。一生定格於君子不變、定格於小人不變，這樣的人也有，只能是一部分，而非全體。

孔子看到道德人格涵養的動態性和長期性，因此強調終生學習和修養的必要性。孔子說：「性相近也，習相遠也。」他認為人的先天之性都差不多，但後天積習將人的精神境界拉開了距離。他把仁德作為君子第一品性，要求「君子無終食之間違仁」，務必使親仁、行仁達到高度自覺、從心所欲不逾矩的程度，他自己不敢以仁人自許，也不輕易許其弟子為仁人君子。同時他指出，一個人只要「博學而篤志，切問而近思，仁在其中矣」，又說：「我欲仁，斯仁至矣。」關鍵在於立志和努力，還要堅持不懈。

總之，在孔子和儒者看來，學做君子，是使人生光明磊落的事，是畢生修身的事，也是可以「下學而上達」的事，更是自利利他（「己欲立而立人」）的事，統稱為「為己」之學，即能成全自己的道德人格，進而才能「博施於民，而能濟眾」。

五　儒家君子論的歷史變遷與當代價值

孔子、孟子、荀子的君子人格論，經過歷代儒者的傳承發展，建立起中華文化中道德自律和道德監督的有效方式，形成社會民間強大的輿論力量，不斷給予道德人物以有力的讚美、鼓勵，給予不道德人物以批評、譴責。這種輿論超越政治與司法，也遠遠超出士林，瀰漫於社區、鄉里、家族、行業，具有巨大的慣性，作為文化基因積澱在中華民族的血脈裏。是君子還是小人，無須自評，也不靠官方宣傳，民眾的口碑自有公論，這是十分可貴的傳統。

政治人物同樣受這種道德輿論的監督，如岳飛移孝作忠、為國殉身，被公認為君子式的忠臣，秦檜被公認為陷害忠良的小人式奸臣，包拯是為官清廉、剛直不阿的君子式清官。這種深厚的君子人格道德輿論，輔以法刑，成為穩定社會的巨大調控力量，不論朝代如何更替，推崇君子之風未曾消解。

「五四」以來，雖然文化激進主義依然存在，在一些引導思想潮流的名人口中，中華傳統文化被妖魔化為「吃人」的文化，「正人君子」變成被嘲諷的對象，「君子」漸漸淡出人們的集體意識，如果不加以重視，隨之而來的便是社會道德的混亂和失序。有人認為，中國當時有內憂外患，急需改革者與革命家，因而君子人格已經過時。豈不知兩者並不矛盾，恰恰需要結合，社會需要大批君子式的改革者和革命家。

孔子說過：「志士仁人，無求生以害仁，有殺身以成仁。」孟子說過：「生，亦我所欲也；義，亦我所欲也。二者不可得兼，舍生而取義者也。」曾子說過：「士不可以不弘毅，任重而道遠。仁以為己任，不亦重乎？死而後已，不亦遠乎？」「士」就是「士君子」，許多改革者和革命家正是因為受到孔子、孟子、曾子的鼓舞而獻身於中國獨立與解放事業的。抗日戰爭中的勇士和烈士，就是人們敬仰的士君子。

還有人認為：君子講中庸，就是折中調和、不講是非。這是把中庸與鄉原（愿）混為一談了。鄉原是貌似謹厚，實與俗同流合污者，故孔子加以斥責：「鄉原，德之賊也。」孟子進一步說：「閹然媚於世也者，是鄉原也。」「同乎流俗，合乎污世，居之似忠信，行之似廉潔，眾皆悅之，自以為是，而不可與入堯舜之道，故曰『德之賊也』。」

孔子論中庸，是指君子行事無過不及、不偏頗，而以能否行仁愛忠恕之道為準則，故是非分明，曰：「唯仁人能好人，能惡人。」所以中庸是行仁的最佳尺度，一般人不易把握，故曰：「中庸之為德也，其至矣乎！民鮮久矣。」我們可以理直氣壯地說：正人君子既是人們日常道德生活的需要，也是社會大患難和大變革時期的需要。

雖然文化西化論一度流行，中國人文化自卑心理嚴重，但中華優秀文化在民俗層面仍然以巨大的慣性力量而繼續存在，只是處在「日用而不知」的自發狀態，君子之德仍然是民眾經常提及的正面形象。如人們常說「不要以小人之心度君子之腹」「不做偽君子、真小人」「君子一言既出，駟馬難追」「我們要有君子協定」等。雖然人們痛感小人得志、君子吃虧，卻在內心裏仍然珍重君子、嫌棄小人。

1898 年，因「戊戌變法」而被殺的譚嗣同、林旭、楊銳、楊深秀、劉光第、康廣仁六人，被後人譽為「戊戌六君子」，這是君子中的烈士。

民國三年（1914）冬，大思想家梁啟超在清華大學給學子做過《論君子》的演講。他認為中國的君子類似英國的 gentleman（紳士），其國民教育以人格養成為宗旨。

這裏要說明，紳士與君子有同有異：同在注重人格尊嚴，異在紳士須具貴族氣質，而君子雖平民可成。梁啟超論君子之義，用《易傳》中的《乾卦．象》「天行健，君子以自強不息」和《坤卦．象》「地勢坤，君子以厚德載物」兩句概括之，乃是精粹之論。

他說，所謂「自強不息」，一是指「自勵」，「堅忍強毅，雖遇顛沛流離，不屈不撓」；二是指「自勝」，「擯私慾尚果毅」，能夠「見義勇為」。所謂「厚德載物」，「言君子接物，度量寬厚，猶大地之博，無所不載。君子責己甚厚，責人甚輕」，「然後得以膺重任」。

他對清華學子的期望是，將來「為社會之表率，語默作止，皆為國民所做效」，因此要「崇德修學，勉為真君子」，「異日出膺大任」，「作中流之底（砥）柱」。

梁啟超乃是清華國學院四大導師之一（另外三位是陳寅恪、王國維、趙元任）。他演講之後，清華大學將「自強不息，厚德載物」定為校訓，沿用至今。

1936年11月，愛國進步人士鄒韜奮、沈鈞儒、李公樸、王造時、章乃器、沙千里、史良在上海發起成立救國聯合會。他們發表宣言，呼籲國民黨政府停止內戰，釋放政治犯，各黨派協商建立抗日聯合政府，但當局以「危害民國」為罪名，逮捕七人。「七七事變」爆發後，在強大輿論壓力下，國民黨當局被迫釋放七位愛國者。當時的新聞媒體稱七人為「愛國七君子」。

從六君子到七君子，我們可以看到，君子人格絕不限於「謙謙君子」，往往國難當頭方顯君子本色；他們乃是志士仁人，時刻準備殺身成仁、捨生取義，故深受國人敬仰，被視為英傑，讚為君子，鼓舞着千萬中國人投身到中華民族獨立解放自由富強的事業中去，可見榜樣的力量是無窮的。

當代大哲學家馮友蘭先生在抗戰時期所寫的《新原人》一書中，提出人生有四種精神境界：自然境界、功利境界、道德境界、天地境界。自然境界指人生沒有任何追求，「日出而作，日入而息」，渾渾噩噩地生活，比動物高不出很多。功利境界指人生有明確追求，但以求個人私利為終極價值，為己可以不擇手段，往往損害他人和群體利益。這樣的人實際上是指小人。道德境界指人生亦有明確追求，卻是以利人行善為終極價值，把個人利益放在第二位。這樣的人實際上指君子。天地境界指人生以與天地萬物為一體為終極價值，以「讚天地之化育」為己任。這樣的人實際上指聖賢。這四種境界對於一般人而言，關鍵的一步是從功利境界提升到道德境界，脱離缺德小人而成為有德君子。

近代，有些中國人不分精華與糟粕，全盤否定中華傳統文化，致使民族文化主體性塌陷，進而帶來危害，由於社會缺德而造成痛苦，令人在深入發掘和重新評價中華智慧、美德的文明價值之後，逐步增強了文化自信和文化自覺。在民族文化復興的新時代，傳承和弘揚君子文化已蔚然成風，學校倡導學習君子之教，學者深入論述君子之説，地方努力倡導君子之德，同時把它與表彰道德模範、開展志願者活動結合起來，並初見成效。

君子人格論甚至引起國際思想界人士的認同。澳大利亞邦德大學李瑞智教授在曲阜世界儒學大會發言中提出，人類需要君子式的政治家，以促進世界和平與發展。人們也認識到，弘揚君子文化、推動道德建設是一項方興未艾的事業，是長期的、艱苦的，它不像制度改革、生產增長那樣能夠預先規劃、按期實施，它是無形的精神文化，與信仰的重建連在一起，沒有捷徑，不可操控，只能由君子式的有識之士努力加以推動，慢慢引起連鎖反應，從量變到質變，由邊緣到中心，逐漸成為新的風俗習慣。從長遠看，這是一項合乎人心的文明事業，會得到社會各界越來越多的支持。

分講

今天我們應當有新的君子人格論，以適應中華民族偉大復興事業和建設人類命運共同體的需要。根據孔子儒家的論述，結合社會歷史與現實，融會自己人生體驗，我把君子道德人格概括為「六有」：有仁義，立人之基；有涵養，美人之性；有操守，挺人之脊；有容量，擴人之胸；有坦誠，存人之真；有擔當，盡人之責。我認為，「六有」能夠展現君子的主要品格，內涵相對完整，表述簡潔明快，論證伴有故事，或可提供給教育界朋友參考。下面分題述之。

一講　有仁義，立人之基

仁者愛人，義者行宜，乃是做文明人的根基；用生活化語言說，就是心地善良，行為端正。

「樊遲問仁，子曰：『愛人。』」孔子說：「君子學道則愛人。」「君子道者三，我無能焉：仁者不憂，知（智）者不惑，勇者不懼。」「君子成人之美，不成人之惡；小人反是。」「君子義以為上。」孟子說：「君子以仁存心。」「吾身不能居仁由義，謂之自棄也。仁，人之安宅也；義，人之正路也。曠安宅而弗居，舍正路而不由，哀哉！」「君子莫大乎與人為善。」韓愈《原道》說：「博愛之謂仁，行而宜之之謂義。」

君子品德的第一要義是要有愛心，即有良心或良知，關心人、幫助人、尊重人、體貼人，心要保有溫度，不能變冷，更不能變黑，否則會失掉做人的根基，使他人遭殃，最終也會害己。居仁才能由義，有了愛心便會堅守正義，維護社會公共生活準則，促進社會安定和諧。

那麼，為什麼社會生活不能沒有良知愛心而一些人卻會丟掉呢？這就要從人類生活的特點和人性的形成説起。人既是個體的存在（每個人有自己的需求、愛好與生活方式），同時又是群體性動物和文化動物。人從小離不開家庭、學校，成人後離不開社會與朋友。

馬克思在《關於費爾巴哈的提綱》中說：「人的本質，並不是單個人所具有的抽象屬性。在其現實性上，它是一切社會關係的總和。」人本質上是一種關係的存在，個體的獨立性只能在社會關係制約下的有限空間裏存在。家庭中親子相愛、同輩相親是共同生活薰陶而成的。人與動物不同，文化代代相傳，家庭與學校教育使人懂得與人為善，社會道德風氣使人知道個體離不開群體。

因此，「惻隱之心，人皆有之」，「愛人者，人恆愛之」，人們在相互關愛中享受着幸福；反過來，害人者人恆害之，人們在相互爭鬥損害中帶來的只能是痛苦。這是人性的初心。儒家進一步要求有德君子將仁愛之心向外擴大，由愛家庭到愛大眾、愛人類、愛天地萬物，把他人看成自己的同胞，把動植物看成自己的夥伴，這就是北宋大儒張載説的「民胞物與」。

可是人性是善惡混雜的，兩者此消彼長：當群體意識強於個人慾求時，善良便佔上風；當個人慾求膨脹遮蔽了道德理性時，惡習便佔上風。更深一步講，一些人便會扭曲人性，喪失天良，非但做不成君子，也做不成一般好人，甚至成為罪人。要做文明人，必須成為君子，不僅要有仁愛之心，而且能自覺成人之美，尤其在別人困急的時候，能雪中送炭，這就要消解嫉妒心，以助人為樂，以損人為恥。這是君子和小人的本質區別。

在社會行為上，文明君子必然行事公正，不以利害義、不因私損公，還能夠見義勇為、扶危濟困。孟子說：「惻隱之心，仁之端也；羞惡之心，義之端也。」《中庸》說：「力行近乎仁，知恥近乎勇。」可知仁心要知行合一，正義要勇於捍衛，不能只停留在口頭上。做到居仁由義，君子人格便有了基石，也便有了人的尊嚴。

我們常說，人不僅要過得幸福，還要過得有尊嚴。「好死不如賴活着」的人生是君子無法忍受的。孟子很強調君子要有正義感，說：「生，亦我所欲也；義，亦我所欲也，二者不可得兼，舍生而取義者也。」可見仁義乃為人之本。

鄭板橋的「難得糊塗」

試以清代書畫家「揚州八怪」之一鄭板橋為例，說明仁義忠厚一向為境界高尚者所重。鄭板橋書寫過一幅「難得糊塗」的橫額，在社會上廣泛流傳。

有些人以為這是在宣傳圓滑自私、不分是非、明哲保身的處世哲學，其實，這曲解了板橋的良苦用心，把「難得糊塗」誤成孔孟批判的鄉原了。

板橋在此橫額下有幾句解說：「聰明難，糊塗難，由聰明而轉入糊塗更難。放一着，退一步，當下心安，非圖後來福報也。」再聯繫板橋為人行事，「難得糊塗」的真義是勸人在處理利益關係時，多一點忠厚利他之心，少一點個人盤算之機，不斤斤計較，而能忍讓吃虧，多做善事，使自己心安理得，並不望求回報。這是一種很高的道德境界，是大智若愚，是經由大聰明的反思得來的。板橋的「糊塗」，乃是以仁愛為本的「中庸」的兼顧，不是以私心為本的鄉原的世故。

板橋還寫過一幅「吃虧是福」的橫額，並注曰：「滿者，損之機；虧者，盈之漸。損於己則利於彼，外得人情之平，內得我心之安，既平且安，福即在是矣。」這裏有儒家「與人為善」的情懷，又有道家「既以為人己愈有，既以與人己愈多」的智慧。有仁義之心的人才能做到難得糊塗，民間稱之為「厚道者」，板橋就是為人厚道的典型。

雍正十年（1732），鄭板橋在外地寄給堂弟鄭墨的家書中說：

愚兄為秀才時，撿家中舊書簏（竹箱），得前代家奴契券，即於燈下焚去，並不返諸其人。恐明與之，反多一番形跡，增一番愧恧。自我用人，從不書券，合則留，不合則去。何苦存此一紙，使吾後世子孫，借為口實，以便苛求抑勒乎！如此存心，是為人處，即是為己處。若事事預留把柄，使入其羅網，無能逃脫，其窮愈速，其禍即來，其子孫即有不可問之事、不可測之憂。試看世間會打算的，何曾打算得別人一點，直是算盡自家耳！可哀可歎，吾弟識之。

板橋雖是平民之家，而屬書香門第，故祖輩僱有傭工，存留契券。板橋有一顆仁厚之心，將家中所存僱傭合同一概燒掉，不僅免其返還，而且使這樁以傭還貸之事歸於無形，也能避免後代有人持券向欠者索求。此事非君子難以為也。

家書藉此事而發的議論更是精彩：為人與為己是一致的，「愛人者人恆愛之」；反過來，「害人者人恆害之」，那些設套陷害他人的小人，到頭來必害到自己身上，或者貽害於子孫後代，「積不善之家，必有餘殃」。這使人想起《紅樓夢》中那句名言：「機關算盡太聰明，反誤了卿卿性命。」這是歷史昭示的真理。

板橋於乾隆年間中進士，在山東濰縣（今濰坊市）做了七年縣令，以仁厚愛民之心為百姓分憂解困。他寫詩表達自己心緒：「衙齋卧聽蕭蕭竹，疑是民間疾苦聲。些小吾曹州縣吏，一枝一葉總關情。」

他關注民間疾苦，與農民同憂患，如《悍吏》詩揭露當時吏治之殘暴：「悍吏沿村括稻穀，豺狼到處無虛過」「悍吏貪勒為刁奸。索逋洶洶虎而翼，叫呼楚撻無寧刻」。《逃荒行》詩為當時發生自然災害而逃難的百姓憂傷：「十日賣一兒，五日賣一婦。來日剩一身，茫茫即長路。長路迂以遠，關山雜豺虎。天荒虎不飢，盱人伺巖阻。」

乾隆年間，濰縣大旱，災情嚴重，窮苦人家賣兒賣妻，逃荒外地。板橋作為縣令使出渾身解數救災：令鄉紳大戶開設粥場，接濟饑民；封存糧商倉庫，令其平價出售；捐出個人薪俸，發放給窮人；修城建垛，招災民赴工就食；下令開官倉賑貸。有時在情急之下，來不及等待上司批文便開倉放糧，遭到上司斥責後，又有一些富商監生從旁挑刺攻擊，遂受記大過處分，於是辭官返鄉。他意識到好官難為，不如回家畫蘭竹。他畫竹並題詩《予告歸里，畫竹別濰縣紳士民》：「烏紗擲去不為官，囊橐蕭蕭兩袖寒。寫取一枝清秀竹，秋風江上作漁竿。」他是兩袖清風離開縣衙的。

《清代學者畫像傳》說：「去官日，百姓痛哭遮留，家家畫像以祀。」他心中惦念着百姓，百姓心中也惦念着他。他是君子式的清官，至今在濰坊民眾心中豐碑猶存，他的

仁民事跡家喻戶曉，受到人民代代不絕的紀念。（以上見《鄭板橋集》，上海古籍出版社，1962年）

柳宗元與韓愈的君子之交

再舉一例，講「君子成人之美，不成人之惡。小人反是」。追溯到「唐宋八大家」的韓愈、柳宗元，看他們如何行仁義於友情之中。韓愈與柳宗元為君子道義之交，在文學上互相激勵，共同推動古文復興運動。但在政治上對「永貞革新」態度不同，柳宗元參與革新，韓愈卻反對。在儒家與佛教關係上，韓愈擁儒反佛，柳宗元以儒融佛。儘管如此，這些都沒有影響兩人之間的深厚友誼。柳宗元去世後，韓愈寫了《柳子厚（宗元）墓誌銘》，其中敘說了柳宗元被貶柳州司馬一事：

其召至京師而復為刺史也。中山劉夢得禹錫亦在遣中，當詣播州。子厚泣曰：「播州非人所居，而夢得親在堂，吾不忍夢得之窮，無辭以白其大人；且萬無母子俱往理。」請於朝，將拜疏，願以柳易播，雖重得罪，死不恨。遇有以夢得事白上者，夢得於是改刺連州。

嗚呼！士窮乃見節義。今夫平居里巷相慕悅，酒食遊戲相征逐，詡詡強笑語以相取下，握手出肺肝相示，指天日涕泣，誓生死不相背負，真若可信。一旦臨小利害，僅如毛髮比，反眼若不相識；落陷阱，不一引手救，反擠之，又下石焉者，皆是也。此宜禽獸夷狄所不忍為，而其人自視以為得計。聞子厚之風，亦可以少愧矣。

子厚前時少年，勇於為人，不自貴重顧藉，謂功業可立就，故坐廢退；既退，又無相知有氣力得位者推挽，故卒死於窮裔，材不為世用，道不行於時也。使子厚在台省時，自持其身，已能如司馬、刺史時，亦自不斥；斥時，有人力能舉之，且必復用不窮。然子厚斥不久，窮不極，雖有出於人，其文學辭章，必不能自力，以致必傳於後如今，無疑也。雖使子厚得所願，為將相於一時，以彼易此，孰得孰失，必有能辨之者。

這一段文字譯成現代文，大意是：子厚被召到京師再出來做刺史時，劉禹錫也在差遣之中，應去播州上任。子厚哭着說：「播州之地不是常人能住得慣的（條件太差了），而夢得（禹錫）的老母在堂，我不忍心看夢得走投無路，沒有言辭向老母做出交代，況且絕沒有母子同往播州的道理。」便決定上奏摺，請求朝廷，情願用自己所在柳州替換播州，讓夢得赴任，即使由此再次獲罪，死而無憾。恰好有人把夢得有老母的事告訴了皇上，於是夢得的差遣改去連州做刺史。

唉！士君子在窮困之時就能展示出節義。現在有些小人平常生活在里巷而相互欽慕愉悅，常常在一起喝酒吃飯打鬧追逐，裝出笑語彼此誇耀，握手言歡，要掏出肺肝示人，哭着指天發誓，生死相互絕不負約背棄，看起來真像有誠信的人。可是一旦遇到小的利害矛盾，不過如毛髮那般微不足道，便頃刻反眼，似乎不曾相識，其友要掉落到陷阱裏，不去伸手救援，反而去擠推他，進而往陷阱裏扔下幾塊大石頭，唯恐那人不快死。這樣的小人到處都是。這種行為，連禽獸和野蠻人都不忍心去做，而這類人卻自以為很得計，他們如能聽到子厚的高風亮節，大概會有少許慚愧吧。

子厚從前少年時，勇於為別人做事，不會自我保重照顧，以為人生建功立業可以很快實現，（由於對困難估計不足）所以做官後遭到貶謫；既貶謫又沒有有力量、在高勢位的人加以推揚挽留，最後老死在窮遠的邊陲，其才能不被世上所用，其道術不能推行於當時。假使子厚在台省的時候，能夠把持自己，像做司馬、刺史時那樣謹慎小心，也就自然不會被斥逐了；即使被斥逐，而有人能盡力保舉他，也可以再被起用而不致窮困。

然而子厚被貶斥不久，窮困沒有達到極點，雖然有可能再出人頭地，而其文學辭章的成就，必然不會全力用心，以達到如此程度而傳於後世，至今被頌習，那是一定的。假如子厚得所願，為將相於一時，用他在政治仕途上的成功替換他在文學辭章上的成就，何者為得，何者為失，必然有能夠分別清楚的人。

這既是一篇著名的悼念摯友的古文，又可以視為一篇精彩的「君子小人交友論」。君子以文會友，以友輔仁，是道義之交，誠摯不易變，故於患難之中見真情；小人之交是勢利之交，如李贄《續焚書．論交難》所說：「以利交易者，利盡則疏；以勢交通者，勢去則反。」

柳宗元與劉禹錫、柳宗元與韓愈是道義之交的榜樣。柳宗元在自己遭遇貶斥時，想着用自己赴任的地方替換摯友劉禹錫要去的地方，讓他稍微改善一下條件，也使劉禹錫能更好地孝敬老母；柳宗元臨終前把家事託付給摯友韓愈，而韓愈為落拓而逝的摯友柳宗元寫墓誌銘，不畏當時對柳不利的輿論，對柳大加讚美，表彰其仁義的君子人格和卓越的文學辭章，痛罵那些勢利小人「勢去則反」、落井下石的卑劣行徑，對世道人心有極大的警示作用。

君子有仁義，故能立人之基；小人無仁義，故失人之基，乃至禽獸不如。王符《潛夫論·交際》說：「恩有所結，終身無解（懈）；心有所矜，賤而益篤。」利瑪竇《友論》說：「臨難之頃，則友之情顯焉。蓋事急之際，友之真者益近密，偽者益疏散矣。」「我榮時，請而方來；患時，不請自來，夫友哉！」

《史記·汲鄭列傳》記載，下邽翟公為廷尉時，賓客盈門；及罷官，門可羅雀；復為廷尉，賓客又要登門。翟公於門口書三句話以拒小人：「一死一生，乃知交情；一貧一富，乃知交態；一貴一賤，交情乃見。」這是痛苦生活體驗的總結，所以人們倍加珍惜患難之交。

孔子說：「友直，友諒（信義），友多聞，益矣。友便辟（偏邪），友善柔（兩面），友便佞（奉承），損矣。」前者為君子，後者為小人。《易傳·繫辭上》說：「二人同心，其利斷金；同心之言，其臭（嗅）如蘭。」

先秦時，廉頗與藺相如成刎頸之交，使暴秦不敢加兵於趙國；魏公子無忌與隱士侯嬴為莫逆之交，而盜符救趙；唐初，房玄齡與杜如晦相得為友，興唐有功，世稱賢相；明代，高拱、王鑒川相知相協，共定安邊大業。這說明，在一項重大的事業中，骨幹成員之間的諒解、支持和友誼，往往決定着事業的成敗，其前提是他們必須是君子。

煙台恤養院的濟世救困

我的家鄉是山東煙台芝罘區，民國年間，那裏有一座遠近聞名的慈善機構——煙台恤養院，它的歷程和事業體現了中華民族關懷鰥寡孤獨的大愛精神。煙台恤養院是在世界紅卍字會煙台分會支持下，由煙台各界慈善家創辦的永久性慈善機構。

20 世紀二三十年代，山東天災人禍頻發，水災、旱災十分嚴重，再加上軍閥混戰、兵匪摧殘，給普通民眾生活帶來深重災難，出現大批無依無靠的弱勢群體。在當地君子式工商人士、教育精英、政界聞達、鄉里賢才的共同努力下，從籌建孤兒院入手，逐步擴大，發展為收孤、恤老、助殘、養寡、辦學、供醫等全方位的慈善事業。

從 1929 年到 1933 年是它的試辦階段，從 1933 年到 1938 年是它的繁盛階段，從 1938 年到 1945 年是它的堅守階段，從 1945 年到 1954 年是它的維持和改組階段。王盛開和褚文郁為發起人，澹台玉田為恤養院董事會董事長，王樹慈為院長，王盛開、褚文郁為副院長。至 1933 年秋，煙台恤養院收容孤兒 136 人，嬰兒 12 人，殘疾、老羸 30 人，救濟寡婦 68 人、產婦 714 人。

恤養院新址落成並舉行正式開幕典禮時，孤兒們唱開幕歌。歌詞如下：

我國紀世四千餘年，一治一亂天道循環。值茲否運，災劫普遍，頻演水旱疫癆與兵燹（烽火）。可憐鰥寡孤獨，疲癃殘疾，啼飢號寒，籲地又呼天。我院扶難濟危，恥居人後，惟車薪杯水愧力綿。幸賴恫瘝在抱、諸君子義囊慨捐，集腋成裘，襄慈善舉，償夙願。老羸殘廢，孤嫠嬰產，教養共兼，脫離困苦與顛連，拔水火，登衽席，老安少懷，人人樂陶然。看！今日開幕，渤澥灣環，水光如鏡，沙鷗點點都消閒，之（芝）罘迎還，山色青翠，爽氣凌霄漢。願大家宏量胞與，繼續工作，擴大規模，努力向前，躋彼仁壽域，同登大羅天，實現道化新世界，千萬斯年。

於此可見，恤養院的宗旨是來自孔子的志向「老者安之，朋友信之，少者懷之」、來自孟子的「文王發政施仁，必先斯四者（鰥寡孤獨）」、來自張載的「民吾同胞，物吾與也」。

1936年煙台恤養院成立三周年，已有地十四餘畝，房二百一十餘間，其事業在山東獨樹一幟，在全國亦屬少見。在恤養院三周年院慶之際，曾任中華民國第一任總理、反對袁世凱帝制、「九一八事變」以後積極參加抗日愛國事業的熊希齡，給煙台恤養院題寫了院訓「誠恆愛敬」，還寫了一副對聯：「教英才是三樂也，致中和而萬育焉。」他在創辦香山慈幼院時，曾經說：「辦我的慈幼院，他們孩子都是真心地愛我，把我當他們的父母，我卻把他們當我的兒女，成立我們這個大家庭。這便是我的終身志願了。」

恤養院院慶五天內，共接待來賓四五千人，收到各界贈款。院慶紀念冊裏，有熊希齡題寫的書名，還有孫科、于右任、居正、傅作義、宋哲元、黃紹竑、邵力子、張自忠等的題字。

孫科的題字是：「鰥寡孤獨　殘羸盲喑　顛連無告　錫類施仁　飢溺猶己　胞與為心　解衣推食　康濟功深　老老幼幼　福我人群　三載著績　高義同欽　世界紅卍字會煙台分會三周年紀念　孫科題」。

于右任題字是：「民胞物與」。

居正題字是：「博施濟眾　砥節勵行」。

傅作義題字是：「慈惠宏施」。

宋哲元題字是：「恫瘝在抱」。

黃紹竑題字是：「老安少懷」。

邵力子題字是：「舉義與仁」。

張自忠題字是：「老安少懷　尼山所重　廣廈宏開　大庇萬眾　成立三載　後實兼

勝　海天咫尺　臨風作頌」。

日寇發動「七七事變」，佔領煙台後，面對政治上的風雲突變、經濟上的資金缺乏，時任院長褚文郁身先士卒，全力保護恤養院師生安全，激勵上下愛國鬥志，並用開辦工廠、商店等辦法自力更生，終於使恤養院實現了自給自足。

1944 年，恤養院在宮家島村購地辦農場，以解決吃糧問題。恤養院名譽董事張桐人捐出自家在宮家島村房舍 130 餘間供恤養院使用，成立了煙台恤養院福山分院，並從市裏遷入孤兒 150 餘名，對他們進行文化課講習，同時課餘帶領他們參加勞動並開展文體活動。

褚文郁院長一生淡泊名利，以恤養院為家，把生命投入慈善事業之中，為社會各界所稱道。1949 年，他當選為煙台市人民代表大會第一屆委員，此後連任四屆。1955 年又當選為第一屆市政協委員。1957 年 2 月病逝，享年 64 歲。

在張恤修《煙台恤養院軼事》中錄有《紀念褚文郁院長哀歌》，歌云：

慈幼為懷，惟我褚公。鞠躬盡瘁，自始至終。二十五載，食宿院中。挨門托缽，美言盡傾。南北化募，以求救營。孤兒八百，起死回生。社會救濟，不下萬名。孤嬰相伴，不顧家庭。萬家生佛，一院福星。諄諄教誨，誠恆愛敬。延師重教，亦讀亦工。開辦工廠，苦心經營。大齡孤兒，俱習農工。五年奮鬥，自力更生。慈幼事業，創立新型。不依外援，衣食自豐。清正廉明，絕無私營。堂堂正正，有口皆頌。民族亮節，氣貫蒼穹。外侮八年，未送一兵。中國解放，參軍參政。驚濤駭浪，臨危不驚。心胸坦蕩，大智大勇。一身俠骨，兩袖清風。公之所為，吾之所宗。公之所冀，吾之所矜。中華歐美，桃累李盈。一九五七，大地初萌。翩翩歸去，不化猶生。德厚流光，昭若日星。所創業績，遐邇聞名。悲哉痛哉，且泣且嚶。祈公安息，吾輩萬幸。有碑銘誌，英靈長風。（所引資料同上書）

這是一位有仁愛、有操守、有厚德、有擔當的君子中的大君子，其英名至今深深鐫刻在煙台人民的心碑上。煙台恤養院的光輝業績，成為煙台人的驕傲，也為當代慈善事業提供了可資借鑒的成功典型。

祖父與父親的仁厚之德

再以我的家庭為例，說說作為平民君子的祖父、父親的仁義之心與行。我家的善行與煙台恤養院相比，只是一棵小草仰望高山之樹，但卻能從一個小家看到在力所能及範圍內行善積德的力量，如此，聚許多小家便可成為大家了。

我的家庭是小康之家。我祖父牟榮華，字錦堂，又稱樂仁，生於 1889 年，卒於 1952 年。

據我父親回憶祖父的文錄中說：

父親生性仁厚，為人樂善好施，終生不倦。一生在煙台電燈公司任會計之職，工資五十元，在當時是高薪的，高薪大部分用於捐助慈善事業，幫助貧困，父親常教訓我說：「人生一世，為善最樂。」有人飢寒交加，我們幫助他吃飽了穿暖了，我們心中不快樂麼？發財作富，那不是真樂，做好事才是真樂的。父親又這樣鼓勵我說：「但做好事，莫問前程。」這是說我們不是為名為利做好事，也不是為的施恩望報而做好事。孟子曰：「人皆有不忍人之心。」我們就是為這顆不忍人之心而做好事的。我們見到食不飽穿不暖的人，如同自己受凍挨餓一樣，不忍於心而去幫助他吃得飽穿得暖。當你看到有人落入水中，你就應當奮不顧身地把人救上來。我們做好事應當勇往直前，不要去顧慮前途有什麼困難，得到什麼結果。父親還說：「人間窮人多，苦難的多，我們不憐憫，誰憐憫？不論在什麼場合，只要遇見鰥寡、孤獨、無告，我們就不能顧惜銅錢，盡到一切心而為之。」慈善團體發行餅子票，是救濟工作中的一種領乾糧票證。父親常交給我數百張票（每票一斤），令我沿街發給乞討者。有一次我在市內遇見一個婦女，帶着兩個幼兒，他們都是蓬頭垢面、衣服襤褸、面黃肌瘦，不同一般乞討者。問之係由萊西逃荒來煙台，舉目無親，住在防空洞中，聞悉之下大憐之，乃將袋內所有十元盡與之（能買麪粉兩袋），婦人叩頭而去。回家詳細報告，父親大悅，歡喜地說：「太好了，我們不幫助這樣的人，還能幫助誰呢？下次遇見再多幫助她，使她不受凍餓之苦。」我在青年時期，受到父親教育陶養，敢不身體力行麼？我在濟南時期，每年幫助貧困的人，用錢總是超過工資半數以上，報告父親從不嫌多，並且回信說：「你要繼續努力於慈善事業，但做好事，莫問前程。」總是用這兩句話來鼓勵我。父親無時無刻不在為善，為子者敢不篤其志、誠其行以慰父親期望麼？父親養病居鄉時期，上街遇有乞者，不待來到門前，急回家取予之，老幼衣服單寒不遮體者輒取衣予之，使其不受凍餒之苦，習以為常。對於村裏貧困之人不論親疏，只要當門求助，或升或斗，無不慨然資助之。因是之故，皆知父親居心為仁，於是惠者感之，聞者敬之，村人無不含有深厚感情而愛慕之。及至父親在青島逝世，靈柩回鄉殯葬之日，村人多來熱情幫忙，沿途迎柩拜祭者絡繹不絕。父親善行感人如此之深。（以上見《民間儒者的一顆仁愛之心》，牟廣熙撰，牟鍾鑒編，人民出版社，2017年6月）

我在父親牟廣熙回憶文集中作了一些補記：

記得母親給我講過，祖父最能賙濟窮人，常以身上穿戴的衣物施捨給乞丐。有一次，祖父光着腳回到了家，原來在路上遇見一個十分可憐的行乞者，赤足立於冰冷路上，心中不忍，立即把鞋襪脫下給他穿上了。還記得我小時候在青島，祖父常帶我外出散步。每次總事先做好一堆乾糧、玉米餅子之類，裝在一個口袋裏，讓我拎着，在街上遇到乞丐，不需彼等伸手，主動分送，以企小補。其時家中境況並不富裕，經濟靠二位叔父全力維持，叔父都支持祖父的慈善事業，盡可能擠出一部分開支，救濟窮困，而全家都在精神上獲得一種高尚的滿足，其樂融融，給我幼小的心靈，栽上了人道主義的種根。（所引資料同上書）

我的祖父當時屬於高薪階層，其工資收入不用於置產業而主要用於救貧濟困。家產有祖上傳下來的約十畝田和十五間舊房，也不翻新，分給三個兒子後，晚年自己在青島租房住，家中沒有任何值錢的珠寶器物。土地改革中我家劃為上中農，子孫不受階級成分拖累，而祖父的兄弟們行商賺錢在村裏蓋房置地，土改時都被劃為地主，房地產全被沒收，子孫因此背負剝削階級出身的包袱。家裏人都說我們享受了祖父積下的善德之報。

我的父親牟廣熙，字義平、仁平，生於 1911 年，卒於 2003 年，享年 93 歲。他有中等文化，喜文史而厭商業，為人忠厚。青年時在濟南本家堂叔公司做事，趕上公司盈利，兩年分得花紅 500 元，根據祖父意願，全數寄回充作大家庭生活費用。

20 世紀 50 年代前期，為維持家庭生活，父親在青島做袋色（染布的各種染料小包裝）小本生意，起名「良心牌」，成色與分量達標，價格低廉，以誠信取人。1955 年回鄉務農，在合作社、人民公社生產隊任會計或保管，直到退休。父親做事公私分明，賬目清楚，忠誠可靠，「四清」中未查出任何問題。

母親是遠近聞名的賢妻良母，樂於助人，鄰舍困難者多得其援助。父母共同營造出一個道德家庭，仁和齊家，忠厚待人，樹立起禮義家風，教育出忠孝子姪，成為鄉里有口皆碑的道德榜樣。七個子女皆能孝順，從不爭吵；五個在外地生活困難的姪兒姪女來到我父母身邊，得到如親生兒一樣的關愛，直到長大成人。

從 70 年代到 90 年代，父親開始撰寫家史，並研究儒家仁義思想，陸續寫出大量論文，共約三十餘萬字，用以教育後代。他在家史「自敘」中寫道：

我平生篤信儒學，終身不改父志，以為孔孟之道乃是修身、齊家、治國、平天下的必經之路。中華民族的道德品質及良風美俗，皆由兩千年的儒學教化而形成的。故我晚年專心致志，銳意研究攻讀，頗有心得。今我寫有《論孔子之道》《原仁》《論儒家之忠君》《性善性惡論》《德才兼備論》《剖析仁》《論消滅戰爭》《孝道》《治心》《人才論》等。甚望後人熟讀學習之，如有繼我志者，更所望焉。我的信條「座右銘」：知儒不疑，信教不惑，居仁由義，尊道而貴德，力雖薄而氣勇，識雖淺而志堅。

我父親是位民間儒者，他的生活信條就是居仁由義。我把他積累的文章以《民間儒者的一顆仁愛之心》為書名整理成書，人民出版社認為有價值，2017 年予以出版。學者朋友認為我父親就是一位鄉賢君子，他的為人和作品有益於建設新鄉賢文化，所以在北京舉辦了專題學術研討會，以推動鄉村君子群體的形成。

儒家講居仁由義，如同佛教講慈悲喜舍，道教講齊同慈愛，都要人樂善好施，促成「我為人人，人人為我」的兼相愛、交相利的美好社會。儒、佛、道三教都不是片面的只講公利不講私利，而是要求在群體為先的前提下把群己統一起來。儒家講「見利思義」「積善餘慶」，佛教講「自利利他」「善惡報應」，道教講「承負」之道、先人之過後世承受。孔子說：「德不孤，必有鄰。」仁義之人，眾悅己悅；仁義之家，澤被後世。不仁不義之人，眾怨己困；不仁不義之家，眾叛親離。無數的歷史與現實例證，都在向我們述說着這一真理。

我說的「有仁義，立人之基」中的「人」，不是泛指而是特指。泛泛說人，小人也是人，壞人也是人。這裏的「人」，專指文明人，即君子，也就是孟子說的「人之所以異於禽獸者幾希，庶民去之，君子存之」。

如果大多數的人能認識到，有仁義才能脫出禽獸，而成為真正的人，那就好了！不僅仁愛、正義會使人成為文明人，而且會逐步消滅戰爭和社會犯罪，使整個人類徹底擺脫野蠻時代，跨入文明時代。這不是很快就能實現的，但使得有愛心、講正義的君子群體不斷壯大，卻是當代應該以及能夠做到的。

二講　有涵養，美人之性

人有向善之性，而無必善之理。人性中有動物性，積習不良會發展為惡性；必須有後天教育和修養，才能使善性成長，成為文明君子。經過刻苦努力，才能使德性達到高尚的程度。故孔子曰：「性相近也，習相遠也。」以儒學為主導的中華文化，一向重視社會道德教化和個人修身，並形成一套涵養人性、修成君子的理論方法。

首先，孔子確立君子人格三要素「仁、智、勇」。他說：「君子道者三，我無能焉：仁者不憂，知（智）者不惑，勇者不懼。」

《中庸》稱其為「三達德」，其中「仁」是主軸，「智」「勇」是行「仁」的必要素質和能力，缺其一，人格不能獨立。《中庸》還進一步說明：「好學近乎知（智），力行近乎仁，知恥近乎勇。」它指明修習「三達德」的着力點，即求智要經由學習而得來，成仁要通過實踐的磨煉和考驗，毅勇要由知恥之心而生發。沒有「仁」，君子人格便沒有靈魂；沒有智慧，便不能辨別是非；缺乏勇氣，行仁則不能持續。

君子人格三要素，至今仍然適用於青少年的教育培養，尤其學校教育必須以立德樹人為主，使學生能夠居仁由義；智力教育要使學生掌握科學知識和獨立思考研究的能力，以便為社會做貢獻；培養毅勇精神使學生有克服困難、不怕挫折、不與惡俗同流合污的品格。一個人有此三者，才算是具有完整的人格；學校培養出大批獨立人格的君子，才算是教育的真正成功。

孔子論述了修身的重要性和修習君子的目標。孔子說「古之學者為己，今之學者為人」，意思是，古人學習的目的是成全自己的人格，今人學習的目的是誇耀於別人。《大學》做了進一步發揮，「自天子以至於庶人，壹是皆以修身為本」「君子有諸己而後求諸人」，因為「身修而後家齊，家齊而後國治，國治而後天下平」。這是儒家的一條基本邏輯：學會做人，才能學會做事，人能弘道，非道弘人。和順幸福的家庭、為國為民的社會事業，都要靠人去建立，事業的成功往往取決於素質高的人，這樣的人便是君子，而君子又是自覺修習得來的，不是天然而能的。由此，可知修身的重要性。君子以濟世安民為己任，為此，必須嚴以律己，不斷提升自己的品格和能力，才堪擔當大任。

孔子把人天生的質樸稱為「質」，把文采稱為「文」，說：「質勝文則野，文勝質則史。文質彬彬，然後君子。」意思是：質樸勝過文采，人便粗野；文采勝過質樸，人便造作（像古代祝史官那樣只精於文書），有文有質，恰當配合，既樸素又斯文，這才是君子。

孔子在《衛靈公》篇中將君子的全面素質說得更為具體：「君子義以為質，禮以行之，孫（遜）以出之，信以成之。君子哉！」孔子弟子子貢形容孔子的風度時說：「夫子溫、良、恭、儉、讓以得之。」即溫和、善良、莊重、儉樸、謙遜。總之，君子應當知書達理、文明禮貌、方正儒雅，不知不覺中便令人起敬。

儒家總結出君子道德修養的多種方式、方法。現舉若干項：

其一，《中庸》：「君子尊德性而道問學。」就是磨煉品性與切磋學問同時並舉。一方面要在踐履中體驗和考驗人品之優劣，從而提升自己的精神境界，如孟子所云「存其心，養其性」，如王陽明所云要「知行合一」，要「從靜處體會，在事上磨煉」；另一方面要樂學不輟，如孔子所說：「學而時習之，不亦說（悅）乎」「下學而上達」「知之者不如好之者，好之者不如樂之者」，把學習作為人生樂趣，故「學而不厭，誨人不倦」。

今日做君子，應當學好中華經典，如「四書五經」、《老子》《莊子》《史記》、唐詩宋詞等，經典中積澱着中華文化的基因，裏面有哲學、有歷史、有道德、有文學、有先人開創文明的美麗故事，是涵養君子人格的人文學苑。

經典訓練可以陶冶人的性情、增長人的見識，了知中華文化的博大精深，可以使自己成長為中國式的文明人。學與行必須結合，如宋儒程顥、程頤所云：「涵養須用敬，進學則在致知。」「敬」即認真嚴肅，孔子說：「修己以敬。」宋代理學家朱熹很看重「敬」，謂「『敬』之一字」為「聖門之綱領，存養之要法」。

其二，從善如流，慎獨改過。一個人生活的周圍環境，總是有君子有小人，自己的思想言行也難免有對有錯。孔子主張「見賢思齊，見不賢而內自省也」「三人行必有我師焉，擇其善者而從之，其不善者而改之」。

君子善於學習，重要的方式是學別人的優點，而將其缺點引以為戒，從而省察自己、增強德性、改正錯誤。在學校要向老師學習，也要向有長處的同學學習；在家裏向父母長輩和兄弟姐妹學習；在社會上向同事和朋友學習。

孔子學無常師，他善於向古聖賢學習，向當時的士君子學習，也經常與學生相互討論，做到教學相長，故能集夏、商、周三代文化之大成於一身，成為萬世師表。

《荀子．勸學》認為「學之經，莫速乎好其人」，一個人喜歡君子式人物，便會學做君子。《大學》和《中庸》都強調「君子必慎其獨」，要求君子在獨處而無旁人知曉和輿論監督的情況下，自覺履行道德準則，不欺騙別人，也不欺騙自己，這樣才能使道德內化為性情，久而久之，習慣成自然。另外，從別人和自己的過失中學習是君子涵養的必經之路。總結錯誤的教訓，敢於直面已經發生的偏差，是君子與小人的重要區別，故孔子說：「人之過也，各於其黨。觀過，斯知仁矣。」意思是，人的錯誤有不同類型，善於觀察錯誤的成因從而有效改之，便是君子仁德的表現了。

其三，嚴於律己，寬以待人。孔子說「躬自厚而薄責於人」，努力達到「內省不疚」。這就是我們今天所說的「要多作自我批評」。

孔子的弟子曾子說：「吾日三省吾身：為人謀而不忠乎？與朋友交而不信乎？傳不習乎？」意思是，為他人辦事是否做到了盡心盡力？與朋友來往是否做到信守承諾？古聖賢和老師傳授的道理和知識是否能夠溫習踐行？君子並非不犯過錯，只是能經常反省、知錯必改，所以孔子說「過則勿憚改」「改之為貴」。

孔子說過「君子求諸己，小人求諸人」，強調君子遇到問題要增強自身應對的能力去應對它，小人則處處依賴別人。孟子加以發揮，認為君子做事動機好卻未能達到預期效果，首先想到的不是客觀上條件不好，不是對方不配合，而是自身有什麼不足，故曰：「愛人不親反其仁；治人不治反其智；禮人不答反其敬。行有不得者，皆反求諸己。」意思是：給人以愛卻未能使之溫親，那就要檢討自己仁愛的真誠與方式是否存在問題；治理地方未能實現有序富足，那就要檢討自己的智慧有什麼欠缺；禮貌待人卻未能使對方答之以禮，那就要檢討自己是否做到真正尊重了對方的人格。任何行為只要達不到效果，就應該進行自我反省。

可是生活中常見的現象是：一些人遇到表彰便把功勞歸在自己名下，而出了差錯便怨天尤人，把責任推給別人，自己洗得一乾二淨。我們現在講「批評與自我批評」，講「團結—批評—團結」，多年的實踐表明，自我批評是基礎，然後相互批評才有效，否則相互批評不僅達不到通過批評實現團結的目的，而且容易造成不滿和怨恨。可見，自省是多麼重要。

其四，存心養性，情理兼具。心，良心；性，人性；情，情慾；理，理性。儒家修身，要保持善心良知，要涵養善性、抑制惡性，要調節情慾使之適度，要增強理性而能明德。

孔子說「克己復禮為仁」，克己是克制私慾以符合禮（社會行為規範）的要求，從而使仁德外化為行動。

孟子說「養心莫善於寡欲」「存其心，養其性，所以事天也」。孟子認為，天人相通，人性受於天而顯於心，故盡心知性可以知天，存心養性所以事天。儒家認為，人有情感慾望乃是人性之自然，如欲富貴而厭貧賤是人人皆有的本性，但要有所節制。孔子主張以道導慾，《毛詩序》主張「發乎情而止乎禮義」，孟子主張寡慾。

在現實社會中，小人之所以是小人，主要源於私慾太盛，到了理性不能控制的程度，於是便發生損人利己的行為。如果私慾過於膨脹，以致利令智昏、名令智昏、權令智昏，便會不擇手段去違法亂紀，墮落為罪人，既害人，又害己。

改革開放實行市場經濟，生產力得到飛速發展，中國很快走上富裕的道路。但是，由於中華傳統美德經歷了近百年的偏激主義的持續批判，其影響力已經大大削弱，再加上「文化大革命」的破壞，市場經濟缺乏必要的倫理支撐，在發展中出現拜金主義現象，干擾了市場經濟的健康運行。這時，道德君子，尤其是商界的君子，應當挺身而出，帶頭合法致富、勞動致富、誠信致富，共同抑制各種經濟犯罪活動。

中國人講合情合理，既有情又有理，將兩者統一起來。君子修身的任務之一是培養道德理性的自控能力，能夠使自己從容面對各種物質引誘而不動心。

其五，要懂得惜福和感恩。社會發展有起有伏，有曲折有順昌，在艱難時刻有許多人相互支援，在平順時期的人便要惜福，得來不易，要倍加珍愛。

例如，我們經歷過物資匱乏、生活困難的時期，如今人們富裕起來，商品豐富，吃穿住行都得到很大改善，兒童與青少年的成長環境今非昔比，中壯年施展才幹的空間成倍擴大，老年人能夠安度晚年、享受天倫之樂，我們生逢此時，能不惜福感恩嗎？一個人從小到大，到走向社會，到事業有成，不知得到過多少人直接或間接的幫助，便要有感恩之心、要知恩圖報。

中國自古便有一條道德訓言：滴水之恩，必當湧泉相報。孔子講「以直報怨，以德報德」。佛教講「報父母恩，報眾生恩，報國土恩，報三寶（佛法僧）恩」。而且諸恩是一生都報不完的。有的人不是這樣想，而總是覺得別人欠他的、社會欠他的，從不想一下自己做得怎樣，是否對得起社會和家庭對他的培養，或者把自己的業績放大了，自以為了不起。這種心態是扭曲的、顛倒的，眼睛只盯着收益和權利，卻絲毫不想盡應有的責任和義務。

愛因斯坦的修身格言和趙樸初居士的赤子之心

世界著名的大科學家愛因斯坦在《我的世界觀》中寫有「每天的提醒」以自律：

我每天上百次地提醒自己，我的精神生活和物質生活都是依靠別人（包括活着的人和死去的人）的勞動，我必須以同樣的分量來報償我領受了的和至今還領受着的東西，我強烈地嚮往着儉樸的生活，並且常常為發覺自己佔有了同胞過多勞動而難以忍受。

這是一位創發了「相對論」因而功勛卓著的大科學家的肺腑之言，愛因斯坦是一位深懂惜福和感恩的有涵養的君子，我們都應該向他學習。

我國佛教界領袖人物趙樸初居士是當代繼太虛法師之後人間佛教的主要代表人物，也是一位偉大的愛國者、社會活動家和國際文化交流的中國使者。他用大乘佛教普度眾生的菩薩慈悲心，服務社會、利益大眾、啟迪智慧、淨化心靈，推動社會生活健康化、推動東亞與世界和平事業，做出了巨大的貢獻，甚至他的影響遠遠超出佛教界，得到中國民眾的普遍尊敬，在國際上也享有崇高的聲譽，人們習稱他為樸老。

樸老是詩詞書法大家，他的詩詞體現了四種精神。

利樂有情的精神。他根據佛教「諸惡莫作，眾善奉行，莊嚴國土，利樂有情」的人生觀，寫下了一首詞：《金縷曲・敬獻人民教師》，歌頌教師們為國育才、盡心盡責的感人精神。詞曰：

不用天邊覓，論英雄，教師隊裏，眼前便是。歷盡艱難曾不悔，只是許身孺子，堪回首，十年往事，無怨無尤，吞折齒，捧丹心，默向紅旗祭，忠與愛，無倫比。　幼苗茁壯園丁喜，幾人知，平時辛苦，晚眠早起，燥濕寒溫榮與悴，都在心頭眼底，費盡了千方百計，他日良材承大廈，賴今朝，血汗番番滴，光和熱，無窮際。

樸老在詞裏歌頌的就是當今教師隊伍中的有仁義、有涵養的君子群體，他們是教師中的大多數。

知恩報恩的精神。為什麼要「莊嚴國土，利樂有情」？因為是國家、社會、大眾、學校、友朋、家庭養育了我們，為我們的工作生活提供了保障，我們不能忘本，要知恩圖報。他在 1996 年病危復甦後所作的詩中寫道：「一息尚存日，何敢怠微躬。眾生恩不盡，世世報無窮。」報恩是一生的事，也是世世代代的事。他在 1996 年寫詩《文債》：「漫云老矣不如人，猶是蜂追蝶逐身。文債尋常還不盡，待將賒欠付來生。」多年來，社會各界人士不斷向樸老索求詩詞書法，但他已年老體衰，應接不暇。他不把這事當作自我炫耀的資本，也不看成一種難以承受的負擔，而是當成一種拖欠社會的文債，此生還不完，下輩子繼續還。這是真正士君子的心態。

「我在佛在」的精神。樸老為了真理與正義，具有精進無畏的人間佛法精神。他為正果法師寫下一首輓詩：「排眾堅留迎解放，當風力破挑花浪。辭醫不殊易簀賢，我在佛在氣何壯。辯才無礙萬人師，不倦津樑見大慈。忍淚聽公本願偈，預知海會再來時。」他讚賞正果法師在中華人民共和國成立前夕，沒去港台，而是站在人民革命一邊，留在大陸參加建設事業。樸老在耄耋之年寫詩自勵：「九十三翁挺腰脊，日課步行六百米。仰天常拄一枝藤，白雲蒼狗皆隨喜。人間萬事須調理，躍躍壯心殊未已。」他挺直腰脊做人直到老，從不低眉折腰、逢迎濁俗，就像一棵青松，挺拔獨立，笑傲霜雪。本書講「君子六有」，第三有是「有操守，挺人之脊」，樸老就是典型人物之一。

生欣死順的精神。一般人貪生畏死，也有人主張好死不如賴活着。樸老的生死觀是佛法破我執與儒學「存順沒寧」（據張載「存，吾順事；沒，吾寧也」）、道家「生死氣化說」的結合，以博大、寬闊、平淡的心態對待生死。他寫下一首遺詩：「生固欣然，死亦無憾。花落還開，流水不斷。我兮何有，誰歟安息？明月清風，不勞尋覓。」他不贊成對去世的人禱告安息、冀望於靈魂不死，他認為個人生命從自然大化中來，又回到自然大化中去，只要生前做過好事便會精神永存。宇宙是永恆的，眾生繼續存在，明月清風，無往而非我，這是個大我。我們至今仍在感受着樸老的音容笑貌和他對眾生的關照愛護，何必去尋找一個已經逝去的、形體有限的樸老呢？他已經融化在大眾之中、融化在自然之中，他的精神和事業在繼續為後代造福。他不會安息，他獲得了真正的永生。

（《從趙樸老的若干詩詞看人間佛教的真精神》，收入《探索宗教》，牟鍾鑒，人民出版社，2008 年）

《朱柏廬治家格言》對我們的啟示

中華文化涵養君子人格的思想，除了對精英群體提出修身的要求和方法外，也很重視家教家風的建設；有了好的家風，孩子便能在家庭這所人生早期學校中健康成長。其中家訓是良好家風養成並傳承的重要方式。

歷史上流傳最廣泛的家訓，前有《顏氏家訓》，後有《朱柏廬治家格言》。現將朱氏格言全文錄列如下：

黎明即起，灑掃庭除，要內外整潔。既昏便息，關鎖門戶，必親自檢點。一粥一飯，當思來處不易；半絲半縷，恆念物力維艱。宜未雨而綢繆，毋臨渴而掘井。自奉必須儉約，宴客切勿流連。器具質而潔，瓦缶勝金玉；飲食約而精，園蔬愈珍饈。勿營華屋，勿謀良田。三姑六婆，實淫盜之媒；婢美妾嬌，非閨房之福。童僕勿用俊美，妻妾切忌豔妝。祖宗雖遠，祭祀不可不誠；子孫雖愚，經書不可不讀。居身務期質樸，教子要有義方。勿貪意外之財，勿飲過量之酒。與肩挑貿易，毋佔便宜；見貧苦親鄰，須多溫恤。刻薄成家，理無久享；倫常乖舛，立見消亡。兄弟叔姪，須分多潤寡；長幼內外，宜法肅辭嚴。聽婦言，乖骨肉，豈是丈夫；重資財，薄父母，不成人子。嫁女擇佳婿，毋索重聘；娶媳求淑女，勿計厚奩。見富貴而生諂容者，最可恥；遇貧窮而作驕態者，賤莫甚。居家戒爭訟，訟則終凶；處世戒多言，言多必失。毋恃勢力而凌逼孤寡，毋貪口腹而恣殺生禽。乖僻自是，悔誤必多；頹惰自甘，家道難成。狎暱惡少，久必受其累；屈志老成，急則可相依。輕聽發言，安知非人之譖訴，當忍耐三思；因事相爭，焉知非我之不是，須平心暗想。施惠無念，受恩莫忘。凡事當留餘地，得意不宜再往。人有喜慶，不可生妒忌心；人有禍患，不可生喜倖心。善欲人見，不是真善；惡恐人知，便是大惡。見色而起淫心，報在妻女；匿怨而用暗箭，禍延子孫。家門和順，雖饔飧不繼，亦有餘歡；國課早完，即囊橐無餘，自得至樂。讀書志在聖賢，為官心存君國。守分安命，順時聽天。為人若此，庶乎近焉。

家訓的主要篇幅是傳承中華美德，要子弟在日常生活中處處注意修身，養成忠厚待人、勤儉持家的良好習慣，如「一粥一飯，當思來處不易；半絲半縷，恆念物力維艱」「勿貪意外之財，勿飲過量之酒」「見貧苦親鄰，須多溫恤」「居家戒爭訟，訟則終凶」「人有喜慶，不可生妒忌心；人有禍患，不可生喜倖心」等，皆是仁義之心的體現，今日仍有其建設新家風的價值，值得家長和青少年好好學一學。

革命前輩劉少奇論修養

在中華人民共和國成立前，作為社會革命者要不要做一個文明君子並有涵養呢？當然要，只是涵養的具體內容與古代有差別，要適應為中國人民的獨立解放和富強民主的偉大事業的需要，而在涵養的方式、方法上則要借鑒中華優秀傳統文化中的智慧以體現中國特色。

中國老一輩革命家劉少奇同志在抗日戰爭時期所作的演講，即後來被整理成書的《論共產黨員的修養》，對於中國共產黨人產生了長期的積極重大作用。修養即是涵養。少奇同志在書中指出：「由一個幼稚的革命者，變成一個成熟的、老練的、能夠『運用自如』地掌握革命規律的革命家，要經過一個很長的革命的鍛煉和修養的過程。」他引用古人的話：「孔子說：『吾十有五而志於學，三十而立，四十而不惑，五十而知天命，六十而耳順，七十而從心所欲，不逾矩。』這個封建（『封建』二字是當時形容古代社會的流行話語）思想家在這裏所說的是他自己修養的過程，他並不承認自己是天生的『聖人』。另一個封建思想家孟子也說過，在歷史上擔當『大任』起過作用的人物，都經過一個艱苦的鍛煉過程，這就是：『必先苦其心志，勞其筋骨，餓其體膚，空乏其身，行拂亂其所為，所以動心忍性，曾益其所不能。』共產黨員是要擔負歷史上空前未有的改造世界的『大任』的，所以更必須注意在革命鬥爭中的鍛煉和修養。」

上文所引孔子的話出自《論語．為政》，所引孟子的話出自《孟子．告子下》，都講人要成為棟樑之材須經過長期磨礪、經受種種考驗，而後才能擔當大任。少奇用來強調共產黨員修養的重要性是很得當的，否則有些革命者會「在勝利中昏頭昏腦，因而放肆、驕傲、官僚化，以至動搖、腐化和墮落，完全失去他原有的革命性」。因此他特別指出：「革命實踐的鍛煉和修養，對於每一個黨員都是重要的，而在取得政權以後更重要。」

少奇同志引孟子的話說：「《孟子》上有這樣一句話：『人皆可以為堯舜。』我看這句話說得不錯。」那麼，如何修養才能使自己永葆青春而不變色呢？少奇同志說：「在中國古時，曾子說過『吾日三省吾身』，這是說自我反省的問題。《詩經》上有這樣著名的詩句：『如切如磋，如琢如磨。』這是說朋友之間要互相幫助，互相批評。」少奇同志提醒：今日共產黨員的修養「不能脫離人民群眾的革命實踐」。少奇同志在講到共產黨員應對一切同志、革命者、勞動人民忠誠熱愛時說：「無條件地幫助他們，平等地看待他們，不肯為着自己的利益去損害他們中間的任何人。他能夠『將心比心』、設身處地為人家着想，體貼人家。」「他『先天下之憂而憂，後天下之樂而樂』。」「他能夠在患難時挺身而出，在困難時盡自己最大的責任。他有『富貴不能淫，貧賤不能移，威武不能屈』的革命堅定性和革命氣節。」「他的錯誤缺點能夠自己公開，勇敢改正，有如『日月之蝕』。」「他也可能最誠懇、坦白和愉快。因為他無私心，在黨內沒有要隱藏的事情，『事無不可對人言』，除開關心黨和革命的利益以外，沒有個人的得失和憂愁。即使在他個人獨立工作、無人監督、有做各種壞事的可能的時候，他能夠『慎獨』，不做任何壞事。他的工作經得起檢查，絕不害怕別人去檢查。他不畏懼別人的批評，同時他也能夠勇敢地誠懇地批評別人。」「他也可能有最高尚的自尊心、自愛心。為了黨和革命的利益，他對待同志最能寬大、容忍和『委曲求全』，甚至在必要的時候能夠忍受各種誤解和屈辱而毫無怨恨之心。他沒有私人的目的和企圖要去奉承人家，也不要人家奉承自己。他在私人問題上善於自處，沒有必要卑躬屈節地去要求人家幫助。他也能夠為了黨和革命的利益而愛護自己，增進自己的理論和能力。但是在為了黨和革命的某種重要目的而需要他去忍辱負重的時候，他能夠毫不推辭地擔負最困難而最重要的任務，絕不把困難推給人家。共產黨員應該具有人類最偉大、最高尚的一切美德。」「為黨、為階級、為民族解放、為人類解放和社會的發展、為最大多數人民的最大利益而犧牲，那就是最值得的、最應該的。我們有無數的共產黨員就是這樣視死如歸地、毫不猶豫地犧牲了他們的一切。『殺身成仁』『捨身取義』，在必要的時候，對於多數共產黨員來說，是被視為當然的事情。」

少奇同志列舉若干錯誤思想意識，如濃厚的個人主義、風頭主義、不擇手段地對付黨內的同志，「用打擊別人、損害別人的方法達到抬高自己的目的。他嫉妒強過他的人。別人走在他前面，他總想把別人拉下來」，「看見別的同志遇到困難、遇到挫折，他幸災樂禍、暗中竊喜，完全沒有同志的同情心。他甚至對同志有害人之心，『落井下石』，利用同志的弱點和困難去打擊和損害同志」。共產黨員「對於自己的同志和兄弟能夠『以德報怨』，幫助同志改過，毫無報復之心。他們能夠對自己嚴格、對同志寬大」。

少奇說：「中國有兩句諺語：『誰人背後無人說，哪個人前不說人？』『任憑風浪起，穩坐釣魚船。』世界上完全不被人誤會的人是沒有的，而誤會遲早都是會弄清楚的。我們應該受得起誤會，在任何時候都不牽入無原則的鬥爭，同時也應該經常警惕，檢點自己的思想行動。」

以上所論，歸結起來便是：社會健康發展需要仁義君子，而各階層各行業的仁義君子必須自覺堅持涵養或修養文明人性，才能肩負起國家人民交付的重任。

三講　有操守，挺人之脊

人要有尊嚴，必須挺直腰板，堂堂正正做人。在涉及人類公義和國家、民族、人民根本利益的大是大非問題上，在事關人格獨立的原則問題上，要態度鮮明，堅守正道，毫不含糊。

這就是士君子一向看重的節操，是無法妥協的，更不能拿來做交易。但在處理具體問題時則可以相對靈活，有時為了長遠的、全局的利益，可以在局部利益上做出讓步和妥協，不過一定要有底線。

一是要立志正大，矢志不移。孔子說：「三軍可奪帥也，匹夫不可奪志也。」內心的正義志向堅如磐石，沒有任何外部力量能夠改變它，死亡的威脅也無濟於事。二是「剛健中正」，不卑不亢。既不低三下四，也不盛氣淩人；既不與低俗同流合污，也不自大排他。三是經受得住各種嚴峻考驗，如孟子所云：「富貴不能淫，貧賤不能移，威武不能屈，此之謂大丈夫。」為此要「善養吾浩然之氣」，使其「至大至剛」「配義與道」，勇往直前而毫無怯懦之心。尤其在國家、民族遭受外強侵略欺侮的關鍵時刻，仁人志士要如曾子所云：「臨大節而不可奪也。」為了抗擊邪惡勢力，維護國家和民族的尊嚴，可以「殺身成仁」「捨身取義」。這是中華民族不畏艱難、衰而復興的偉大精神力量。

抗日衛國事業中捨身取義的烈士

1894 年發生在威海水域的日本侵略中國的甲午海戰中，由於清政府腐敗無能，中國戰敗，被迫簽訂《馬關條約》，把台灣割讓給了日本。

范文瀾在《中國近代史》中描述：「致遠（艦名）受傷，管帶（職官名）廣東人鄧世昌恨福建幫將領作戰不力，對大副陳金揆說：『倭艦專恃吉野，苟沉此艦，足以奪其氣而成事。』致遠開快車撞吉野，中魚雷炸裂，全船二百五十人同時溺死。經遠艦受傷，管帶林永升也鼓輪撞日艦，中魚雷沉沒，死二百七十人。」鄧世昌、林永升等英勇作戰，犧牲生命，令人感動，後人在威海劉公島上建立紀念館，緬懷這些先烈。

對中華民族興亡最大的考驗是日本法西斯大舉侵略中國並實行殺光、燒光、搶光的

「三光」政策，中國面臨亡國滅種的危險。中國人民的精英和民眾奮起抵抗，進行了長達十四年的偉大抗日戰爭，在國際反法西斯力量聯合支援下，最終取得近代史上首次完全的勝利。在此期間，千千萬萬愛國志士義無反顧，奮勇殺敵，譜寫了可歌可泣的動人篇章，無數烈士獻出了寶貴的生命。

1931年「九一八事變」後，日寇佔領我東北三省，東北抗日義勇軍（後改稱東北抗日聯軍）武裝抗日，數年內發展到30萬人以上，也付出13萬人的傷亡，出現了李兆麟、楊靖宇那樣為國捐軀的傑出將領。1932年日寇進攻上海，我十九路軍發動「一·二八」淞滬抗戰，表現英勇。1935年日寇製造「華北事變」，北平爆發「一二·九運動」，發出打倒日本帝國主義的怒吼，隨之全國各地的抗日救亡運動風起雲湧。

1937年「七七事變」後，中國全面抗戰開始，國共第二次合作，抗日民族統一戰線正式形成，發動「八·一三」淞滬會戰、太原會戰、南京保衛戰。1938年有台兒莊戰役大勝、平型關大捷和武漢會戰。同時八路軍和新四軍開闢敵後抗日根據地，有效進行游擊戰，使日寇速戰速決滅亡中國的野心破滅。中國各民族、各階層和廣大民眾踴躍參加抗日救亡鬥爭，港澳台和海外僑胞積極參加和支援抗戰。

劇作家田漢作《義勇軍進行曲》，歌詞：「起來，不願做奴隸的人們，把我們的血肉築成我們新的長城！中華民族到了最危險的時候，每個人被迫着發出最後的吼聲。起來！起來！起來！我們萬眾一心，冒着敵人的炮火，前進！冒着敵人的炮火，前進！前進！前進！進！」1940年八路軍發動百團大戰，重創日寇。1942年中國遠征軍赴緬甸配合盟軍對日作戰。1945年中國戰場全面反攻，直到日本無條件投降。

《中國抗日戰爭史簡明讀本》一書「結語」中說：

中國人民在抗日戰爭中，用自己的頑強奮戰和巨大犧牲，徹底粉碎了日本軍國主義殖民奴役中國的圖謀，贏得了近代以來中國反抗外敵入侵的第一次完全勝利，徹底洗刷了近代以來抗擊外來侵略屢戰屢敗的民族恥辱。從此再也沒有侵略者可以在中國的土地上橫行肆虐。在這場偉大的鬥爭中，中國人民的愛國熱情像火山一樣迸發出來，向世界展示了天下興亡、匹夫有責的愛國情懷，視死如歸、寧死不屈的民族氣節，不畏強暴、血戰到底的英雄氣概，百折不撓、堅忍不拔的必勝信念。在中國共產黨倡導建立的以國共合作為基礎的抗日民族統一戰線旗幟下，全國人民義無反顧投身到抗擊日本侵略者的洪流之中。中國人民抗日戰爭的偉大勝利，為中華民族近代以來陷入深重危機走向偉大復興確立了歷史轉折點。

在這場戰爭中，中國軍隊共斃傷俘日軍150餘萬人，佔日軍在第二次世界大戰中傷亡總數的百分之七十以上；日本戰敗後，向中國投降的日軍共128萬餘人，超過在東南亞及太平洋各島的日軍總和，佔當時日軍海外投降總兵力的百分之五十以上。

為贏得抗日戰爭的勝利，中國人民付出了巨大的犧牲。據不完全統計，中國軍民傷亡3500萬以上（其中，軍隊傷亡380餘萬人），約佔第二次世界大戰各國傷亡人數總和的三分之一。尤其是日軍對中國人民實施的滅絕人性的南京大屠殺，發動的令人髮指的細菌戰、化學戰，進行的慘無人道的「活體實驗」，都是人類文明史上駭人聽聞的暴行。抗日戰爭期間，日本軍國主義者還對中國的資源和財富進行大肆掠奪、破壞。據不完全統計，按照1937年的比價，中國官方財產損失和戰爭消耗達1000多億美元，間接經濟損失5000億美元。

殷憂啟聖，多難興邦。中國抗日戰爭的勝利證明，中華民族是具有頑強生命力和非凡創造力的民族，全國各族人民緊密團結起來，就沒有克服不了的艱難險阻，就沒有戰勝不了的兇惡敵人。

回望中國抗日戰爭的壯麗史詩，就是要銘記歷史、警示未來，勿忘國恥、圓夢中華，以中華民族偉大復興不斷前行的新成就，告慰為中國抗日戰爭勝利獻出生命的所有先烈。今天的中國將堅定不移走和平發展道路，堅定不移維護世界和平，與世界上所有愛好和平的國家和人民一道，做世界和平的堅決倡導者和有力捍衛者，為人類和平與發展做出更大的貢獻。

中國人民不忘歷史，牢記教訓，不是為了復仇，而是為了使中日兩國人民以史為鑒，一起制止日本右翼勢力復活軍國主義的圖謀，建立中日友好關係，共同為東亞和平和世界和平事業而努力。

在抗日戰爭期間，也有一些人喪失氣節，甘願為日寇服務，墮落成為漢奸，或者成為偽軍，替日本法西斯充當炮灰。頭號漢奸是汪精衛。汪氏原為國民黨副總裁，他在日本人的引誘下，賣國求榮，於 1938 年底逃往越南，次年與日本達成建立偽中央政府的協議，承認偽滿洲國，承認日本侵佔中國大片領土和在中國的各種特權。

1940 年，汪偽「國民政府」在南京正式成立，替日寇效勞，淪為中國人民所不齒的民族敗類，遭到全國各界一致的聲討。國民黨中央通過決議，永遠開除汪氏黨籍，撤銷其一切職務。「五四」新文化運動中頗有名氣的作家周作人，不顧文化界朋友好心勸說，堅持居留即將淪陷的北平，日寇佔領北平後，為貪圖享受，周氏受日偽政權之聘，擔任偽教育總署督辦之職，不僅喪失民族氣節、墮落為文化漢奸，也被釘在歷史恥辱柱上。

管仲、晏嬰的故事

中國古代的士君子很重視節操的堅守，這樣的故事有很多。《史記．管晏列傳》寫了管仲與晏嬰的事跡。齊桓公任用管仲，使齊國成為春秋時期最強盛的諸侯國。管仲少時與鮑叔牙為摯友，成人後鮑叔牙輔佐齊襄公之子小白，管仲輔佐公子糾。

及小白立，為桓公，公子糾死，管仲囚焉。鮑叔遂進管仲。管仲既用，任政於齊，齊桓公以霸，九合諸侯，一匡天下，管仲之謀也。

管仲曰：「吾始困時，嘗與鮑叔賈，分財利多自與，鮑叔不以我為貪，知我貧也。吾嘗為鮑叔謀事而更窮困，鮑叔不以我為愚，知時有利不利也。吾嘗三仕三見逐於君，鮑叔不以我為不肖，知我不遭時也。吾嘗三戰三走，鮑叔不以我為怯，知我有老母也。公子糾敗，召忽死之，吾幽囚受辱，鮑叔不以我為無恥，知我不羞小節而恥功名不顯於天下也。生我者父母，知我者鮑子也。」

鮑叔既進管仲，以身下之，子孫世祿於齊，有封邑者十餘世，常為名大夫。天下不多管仲之賢而多鮑叔能知人也。

管仲既任政相齊，以區區之齊在海濱，通貨積財，富國強兵，與俗同好惡，故其稱曰：「倉廩實而知禮節，衣食足而知榮辱。上服度則六親固。四維不張，國乃滅亡。下令如流水之源，令順民心。」故論卑而易行。俗之所欲，因而予之；俗之所否，因而去之。其為政也，善因禍而為福，轉敗而為功。貴輕重，慎權衡。桓公實怒少姬，南襲蔡，管仲因而伐楚，責包茅不入貢於周室。桓公實北征山戎，而管仲因而令燕修召公之政。於柯之會，桓公欲背曹沫之約，管仲因而信之。諸侯由是歸齊。故曰：「知與之為取，政之寶也。」

管仲富擬於公室，有三歸、反坫，齊人不以為侈。管仲卒，齊國遵其政，常強於諸侯。

司馬遷首先讚賞鮑叔牙知人力薦管仲，不計其小節而看重其治國之大才，雖曾為政敵而為了齊國之大局卻向桓公力薦管仲，及管仲相齊，甘願自居下位。鮑叔牙毫無嫉妒心，只有忠義念，所以管仲感歎「知我者鮑子也」。

管仲雖不拘小節，而大節不虧，且能把富民強兵與禮義道德結合起來，使齊國成為當時物質與精神文明並舉的大國，以「四維」（禮、義、廉、恥）為治國之道，這是齊文化對中華文化的重要貢獻。

所謂「與俗同好惡」，不是「同流合污」，而是順應民眾脫貧致富、知禮達義的願望。在對外關係上，管仲絕不一味炫耀武力，而是以信義為重，使諸侯國心悅誠服。故孔子讚美說：「桓公九合諸侯，不以兵車，管仲之力也！如其仁！如其仁！」

孔子弟子子貢又提出疑問：「管仲非仁者與？桓公殺公子糾，不能死，又相之。」孔子回答說：「管仲相桓公，霸諸侯，一匡天下，民到於今受其賜。微管仲，吾其被髮左衽矣。」意思是，管仲能用道義的力量把諸侯聯合起來，致力於文明建設，為後世造福，是位仁人義士，應該給他較高的評價。

司馬遷在《史記．管晏列傳》中還記述了晏嬰的事跡：

晏平仲嬰者，萊之夷維人也。事齊靈公、莊公、景公，以節儉力行重於齊。既相齊，食不重肉，妾不衣帛。其在朝，君語及之，即危言；語不及之，即危行。國有道，即順命；無道，即衡命。以此三世顯名於諸侯。

越石父賢，在縲絏中。晏子出，遭之途，解左驂贖之，載歸。弗謝，入閨。久之，越石父請絕，晏子懼然，攝衣冠謝曰：「嬰雖不仁，免子於厄，何子求絕之速也？」石父曰：「不然。吾聞君子詘於不知己而信於知己者。方吾在縲絏中，彼不知我也。夫子既已感寤而贖我，是知己；知己而無禮，固不如在縲絏之中。」晏子於是延入為上客。

這段話大意是說：

晏嬰是位賢相，自奉清儉，君王問他朝政，他就以正直之言回答；君王沒有話問他，他就正直地辦事。國家有道（大政方針正確）的時候，他就順着正道做事；國家偏離正道的時候，他就權衡輕重去糾正。所以他做了三代的相臣而名望顯揚於各諸侯國。

有一位賢士叫越石父，受冤屈被囚禁起來，恰好晏嬰外出遇上囚車，便把自己馬車左邊的馬解下來贖石父的罪，將其載回府中。石父沒有向晏嬰道謝，晏嬰便進入內房，許久不出來。石父便提出與他絕交，晏嬰很驚訝，趕緊整理好衣冠向石父謝罪，說：「我雖缺乏仁德，畢竟把你從困厄中解脱出來，為什麼你這麼快就要與我絕交呢？」石父說：「不是這樣的。我聽説過，君子往往受屈於不能知己的人，而能取信於知己的人。我此前被囚禁，是他們不了解我。先生您既然感悟而能把我贖出來，便是我的知己；知己的人對我無禮，還不如我被不知己的人囚禁好（因為心裏不好受）。」於是晏嬰馬上請他進屋，待為上客。

這個故事是表彰晏嬰為齊相時絕不隨聲附和君王的個人意願，而是說話辦事有原則，總是直道而行，所以獲得很高的威望和名聲。那位越石父也是位君子，很看重自己的人格尊嚴，即便是救自己的齊相晏嬰，若是沒有禮貌，他也不願與其交往。晏嬰意識到這一點後便以禮相待了。

大詩人屈原的愛國情操

《史記》中有《屈原賈生列傳》，寫楚懷王時的偉大詩人屈原與漢初思想家賈誼行狀。屈原名平，是詩人與政治家，創「楚辭」文體，形成不同於《詩經》的楚文學傳統，影響中國兩千多年。

《列傳》中寫屈原的內容如下：

屈原者，名平，楚之同姓也。為楚懷王左徒，博聞強誌，明於治亂，嫻於辭令。入則與王圖議國事，以出號令；出則接遇賓客，應對諸侯。王甚任之。

上官大夫與之同列，爭寵而心害其能。懷王使屈原造為憲令，屈平屬草稿未定，上官大夫見而欲奪之，屈平不與。因讒之曰：「王使屈平為令，眾莫不知。每一令出，平伐其功，以為『非我莫能為』也。」王怒而疏屈平。

屈平疾王聽之不聰也，讒諂之蔽明也，邪曲之害公也，方正之不容也，故憂愁幽思而作《離騷》。離騷者，猶離憂也。夫天者，人之始也；父母者，人之本也。人窮則反本。故勞苦倦極，未嘗不呼天也；疾痛慘怛，未嘗不呼父母也。屈平正道直行，竭忠盡智以事其君，讒人間之，可謂窮矣。信而見疑，忠而被謗，能無怨乎？屈平之作《離騷》，蓋自怨生矣。《國風》好色而不淫，《小雅》怨誹而不亂，若《離騷》者，可謂兼之矣。上稱帝嚳（五帝之一），下道齊桓，中述湯武，以刺世事。明道德之廣崇，治亂之條貫，靡不畢見。其文約，其辭微，其志潔，其行廉，其稱文小而其指極大，舉類邇而見義遠。其志潔，故其稱物芳。其行廉，故死而不容。自疏濯淖污泥之中，蟬蛻於濁穢，以浮游塵埃之外，不獲世之滋垢。皭然泥而不滓者也。推此志也，雖與日月爭光可也。

屈平既絀，其後秦欲伐齊，齊與楚從親。（秦）惠王患之，乃令張儀佯去秦，厚幣委質事楚。曰：「秦甚憎齊，齊與楚從親，楚誠能絕齊，秦願獻商、於之地六百里。」楚懷王貪而信張儀，遂絕齊。使使如秦受地。張儀詐之曰：「儀與王約六里，不聞六百里。」楚使怒去，歸告懷王。懷王怒，大興師伐秦。秦發兵擊之，大破楚師於丹、淅，斬首八萬，虜楚將屈匄，遂取楚之漢中地。楚王乃悉發國中兵以深入擊秦，戰於藍田。魏聞之，襲楚至鄧，楚兵懼，自秦歸。而齊竟怒不救楚，楚大困。

明年，秦割漢中地與楚以和。楚王曰：「不願得地，願得張儀而甘心焉。」張儀聞，乃曰：「以一儀而當漢中地，臣請往如楚。」如楚，又因厚幣用事者臣靳尚，而設詭辯於懷王之寵姬鄭袖，懷王竟聽鄭袖，復釋去張儀。是時屈原既疏，不復在位，使於齊，顧反，諫懷王曰：「何不殺張儀？」懷王悔，追張儀不及。

其後，秦昭王要與楚懷王會面，屈原勸道：「秦虎狼之國，不可信。」懷王不聽，中秦兵埋伏，最後死於秦。楚頃襄王即位，上官大夫又進讒言，頃襄王流放屈原，「屈原至於江濱，被髮行吟澤畔，顏色憔悴，形容枯槁。漁父見而問之曰：『子非三閭大夫歟？何故而至此？』屈原曰：『舉世混濁而我獨清，眾人皆醉而我獨醒，是以見放。』漁父曰：『夫聖人者，不凝滯於物而能與世推移。舉世混濁，何不隨其流而揚其波？眾人皆醉，何不哺其糟而啜其醨？何故懷瑾握瑜而自令見放為？』屈原曰：『吾聞之，新沐者必彈冠，新浴者必振衣，人又誰能以身之察察，受物之汶汶者乎？寧赴常流而葬乎江魚腹中耳，又安能以皓皓之白而蒙世之溫蠖乎？』乃作《懷沙》之賦」，有句：「人生稟命兮，各有所錯（安）兮。定心廣志，余何畏懼兮？……知死不可讓兮，願勿愛兮。明以告君子兮，吾將以為類（法）兮。」屈原最後的選擇是：「於是懷石，遂自投汨羅以死。」

我們由《屈原列傳》可知，屈原是一位「正道直行，竭忠盡智」「其志潔，其行廉」的士君子，而楚懷王寵信小人、數聽讒言而放逐屈原，使其不能為國盡忠。在此情勢下，屈原既不與小人同流合污，也不願參與世事以易其俗，又不願隱居以獨善其身，最後選擇只能是投江自盡。

司馬遷懷念屈原的心情是複雜的。太史公曰：

余讀《離騷》《天問》《招魂》《哀郢》，悲其志。適長沙，觀屈原所自沉淵，未嘗不垂涕，想見其為人。及見賈生（賈誼）弔之，又怪屈原以彼其材，遊諸侯，何國不容？而自令若是。讀《鳥賦》，同生死，輕去就，又爽然自失矣。

司馬遷不贊成賢能之士如屈原者在受冤屈被放逐時輕生自盡，而是希望他在其他諸侯國找到發揮才幹的機會，司馬遷自己就是忍辱以生，然後完成《史記》寫作的。但看了賈誼的《鳥賦》運用莊子齊生死、等禍福的思想，以死亡為痛苦的解脫，也就不去責怪屈原了。

我們今日不必為屈原作定評，人各有志，不必相強，也無須模仿，但士君子必須有操守，這是共同的。屈原留下了《離騷》，使自己的真誠生命煥發出光豔的文采，感人至深並世代相傳，這就夠了。

唐雎不辱使命

《戰國策》中有一篇《唐雎不辱使命》，記述戰國爭雄時，秦王派人向魏國安陵君說：「寡人欲以五百里之地易安陵，安陵君其許寡人。」安陵君回信說：「大王加惠，以大易小，甚善。雖然，受地於先王，願終守之，弗敢易。」

當時秦強魏弱，秦王用五百里土地交換安陵，其用心是以口頭許諾滅掉安陵，所以安陵君不能答應，這使秦王不快。安陵君便派了「可以託六尺之孤，可以寄百里之命，臨大節而不可奪也」的士君子唐雎出使秦國。

秦王謂唐雎曰：「寡人以五百里之地易安陵，安陵君不聽寡人，何也？且秦滅韓亡魏，而君以五十里之地存者，以君為長者，故不錯意也。今吾以十倍之地，請廣於君，而君逆寡人者，輕寡人與？」

秦王的語氣是威脅式的、訓斥式的，意謂：我有能力滅掉韓國、魏國，滅你安陵不在話下，而我又出於好意，看重你，用十倍的土地換你塊小地方，未承想你還不同意，你真敢看輕我嗎？

唐雎對曰：「否，非若是也。安陵君受地於先王而守之，雖千里不敢易也。豈直五百里哉？」

唐雎針鋒相對，強調土地不在大小，而在安陵這塊土地是先王授予、是祖先託付，即使用千里之地也不能交換，口氣十分強硬。

秦王怫然，怒謂唐雎曰：「公亦嘗聞天子之怒乎？」唐雎對曰：「臣未嘗聞也。」秦王曰：「天子之怒，伏屍百萬，流血千里。」唐雎曰：「大王嘗聞布衣之怒乎？」秦王曰：「布衣之怒，亦免冠徒跣，以頭搶地爾。」唐雎曰：「此庸夫之怒也，非士之怒也。夫專諸之刺王僚也，彗星襲月；聶政之刺韓傀也，白虹貫日；要離之刺慶忌也，蒼鷹擊於殿上。此三子者，皆布衣之士也。懷怒未發，休祲降於天，與臣而將四矣。若士必怒，伏屍二人，流血五步，天下縞素，今日是也。」挺劍而起。秦王色撓，長跪而謝之曰：「先生坐，何至於此，寡人諭矣。夫韓、魏滅亡，而安陵以五十里之地存者，徒以有先生也。」

秦王仗勢欺人，用大兵壓境，不服就開殺戒，以「伏屍百萬，流血千里」相威嚇。唐雎毫不畏懼，用布衣之怒「伏屍二人，流血五步」相對應，列舉專諸、聶政、要離三大刺客以命殉職，也就是我要同以上三人一樣與大王你同歸於盡。秦王被這種浩然之氣震懾了，從心裏佩服唐雎的大無畏精神，終於明白安陵之所以能夠存在，是由於那裏有重操守的士君子在維護國家的尊嚴。

陶淵明不為五斗米折腰

南朝劉宋初，出現了一位道家隱逸派的田園詩人陶潛，字淵明，別號五柳先生。他的志向操守與純儒者不同，他淡泊名利、崇尚自然，嚮往歸隱生活。曾作《五柳先生傳》以自況，曰：

先生不知何許人，不詳姓字，宅邊有五柳樹，因以為號焉。閒靜少言，不慕榮利。好讀書，不求甚解，每有會意，欣然忘食。性嗜酒，而家貧不能恆得。親舊知其如此，或置酒招之，造飲輒盡，期在必醉，既醉而退，曾不吝情去留。環堵蕭然，不蔽風日，短褐穿結，簞瓢屢空，晏如也。嘗著文章自娛，頗示己志，忘懷得失，以此自終。

可知陶潛家貧已甚，且有為官享俸祿機會，卻因與己志相違而不能在仕途上走下去。《宋書．隱逸傳》述說陶潛：

親老家貧，起為州祭酒，不堪吏職，少日，自解歸。州召主簿，不就。躬耕自資，遂抱羸疾，復為鎮軍、建威參軍。謂親朋曰：「聊欲弦歌，以為三徑之資，可乎？」執事者聞之，以為彭澤令。公田悉令吏種秫稻，妻子固請種秔（粳），乃使二頃五十畝種秫（黏米），五十畝種秔。郡遣督郵至，縣吏白應束帶見之，潛歎曰：「我不能為五斗米（薪俸數）折腰向鄉里小人。」即日解印綬去職。

回鄉時寫下名篇《歸去來》辭，其首段曰：

歸去來兮，園田荒蕪，胡不歸？既自以心為形役，奚惆悵而獨悲？悟已往之不諫，知來者之可追。實迷途其未遠，覺今是而昨非。

又曰：

歸去來兮，請息交而絕遊。世與我而相遺，復駕言兮焉求？

……

已矣乎！寓形宇內復幾時，曷不委心任去留？胡為遑遑欲何之？富貴非吾願，帝鄉不可期。懷良辰以孤往，或植杖而耘耔。登東皋以舒嘯，臨清流而賦詩。聊乘化以歸盡，樂夫天命復奚疑！

陶潛不願做官，關鍵在「不能為五斗米折腰」，就是不願迎來送往、在權勢面前折損自己的尊嚴，而要過一種自由自在的生活。

「心為形役」，指心靈服務於肉體的需要，他不堪忍受，這是道家君子的操守。但他並非不關心百姓，從他另一名篇《桃花源記》中可知，他的社會理想是老子所說的「甘其食，美其服，安其居，樂其俗。鄰國相望，雞犬之聲相聞，民至老死不相往來」的小國寡民生活。

這種理想是無法完全實現的，但其中寄託着廣大農民希望過上耕者有其田、環境優美、衣食無憂、鄰里和睦、老少諧樂的小康生活，值得珍重。

我們今天的現代化建設，要縮小城鄉間的差距，使新農村成為創新型的桃花源，這一願景具有巨大吸引力，人皆嚮往之。

在唐代，著名大詩人、詩仙李白繼承和發揚了陶潛的道家自由主義傳統，他在詩中表現出士君子的獨立和尊嚴。其詩《夢遊天姥吟留別》，最後數句如下：

別君去兮何時還？且放白鹿（神人坐騎）青崖間，須行即騎訪名山。安能摧眉折腰事權貴，使我不得開心顏。

這是士君子對權貴的一種蔑視，對自主自得品性的一種吶喊，對後世有長遠的影響。

魏徵犯顏直諫

中國歷代王朝中，人稱漢唐為盛世。其實漢不如唐，而大唐盛世的出現應歸功於唐太宗君臣間的相協努力，有「貞觀之治」才會有「開元盛世」。

唐太宗是歷史上的一位英明帝王，其英明之處，除了重民生、尚禮樂、薄賦斂、崇儉約、等華夷、固邊防、通中外等方面外，最起關鍵作用的地方是用賢納諫，有大度量，治國有方。由此，在他身邊聚集了一大批賢能之臣，為他出謀劃策、糾偏明理，使他能集思廣益，以正道來治國理政，遂致天下大治。

在這些大臣中，房玄齡、杜如晦早年是秦王府官員，受到太宗信任，是理所當然的。而魏徵、王珪原是與秦王李世民爭位的隱太子李建成的親信，「玄武門之變」，李建成被殺，李世民即帝位為太宗，對魏、王亦重用之。

據史官吳兢《貞觀政要》載：

太宗既誅隱太子，召徵責之曰：「汝離間我兄弟，何也？」眾皆為之危懼。徵慷慨自若，從容對曰：「皇太子若從臣言，必無今日之禍。」太宗為之斂容，厚加禮異，擢拜諫議大夫，數引之卧內，訪以政術。徵雅有經國之才，性又抗直，無所屈撓。太宗每與之言，未嘗不悅。徵亦喜逢知己之主，竭其力用。又勞之曰：「卿所諫前後二百餘事，皆稱朕意。非卿忠誠奉國，何能若是？」三年，累遷祕書監，參預朝政，深謀遠算，多所弘益。太宗嘗謂曰：「卿罪重於中鈎（指管仲曾射中齊桓公的帶鈎），我任卿逾於管仲，近代君臣相得，寧有似我於卿者乎？」

太宗曰：「……徵每犯顏切諫，不許我為非，我所以重之也。」徵再拜曰：「陛下導臣使言，臣所以敢言。若陛下不受臣言，臣亦何敢犯龍鱗、觸忌諱也。」

魏徵死後，太宗對近臣說：「夫以銅為鏡，可以正衣冠；以古為鏡，可以知興替；以人為鏡，可以明得失。朕常保此三鏡，以防己過。今魏徵殂逝，遂亡一鏡矣。」

魏徵作為諍臣，其諫言的特點與風格：一是深謀遠慮，皆為長治久安之策；二是找問題，刺過失，警危難，言辭激烈，不怕觸犯帝王；三是悉情勢，明事理，有智慧，不但有操守，而且能使建言被採納。

《舊唐書．魏徵列傳》記載：

徵再拜曰：「願陛下使臣為良臣，勿使臣為忠臣。」帝曰：「忠、良有異乎？」徵曰：「良臣，稷、契、咎陶是也。忠臣，龍逢、比干是也。良臣使身獲美名，君受顯號，子孫傳世，福祿無疆。忠臣身受誅夷，君陷大惡，家國並喪，空有其名。」

這就需要明君有納諫的度量了。《新唐書．魏徵列傳》載魏徵與太宗的對話：

「人臣上書，不激切不能起人主意，激切即近訕謗。於時，陛下從臣言，賞帛罷之，意終不平。此難於受諫也。」帝悟曰：「非公，無能道此者。人苦不自覺耳。」

太宗雖是英主，依然有帝王侷限性、有喜怒無常之時，俗語說「伴君如伴虎」，所以魏徵直諫須忠勇以挺之，並非易事。魏徵深知明君之道。

《貞觀政要》記載：

貞觀二年，太宗問魏徵曰：「何謂為明君、暗君？」徵曰：「君之所以明者，兼聽也；其所以暗者，偏信也。……是故人君兼聽納下，則貴臣不得壅蔽，而下情必得上通也。」太宗甚善其言。

「兼聽則明，偏聽則暗」是古今不移之理。《舊唐書．魏徵列傳》載，魏徵頻上四疏，其二曰：

臣聞求木之長者，必固其根本；欲流之遠者，必浚其泉源；思國之安者，必積其德義。源不深而豈望流之遠，根不固而何求木之長。德不厚而思國之治，雖在下愚，知其不可，而況於明哲乎？

於是君應有十思：

君人者，誠能見可欲則思知足以自戒，將有所作則思知止以安人，念高危則思謙沖而自牧，懼滿溢則思江海而下百川，樂盤遊則思三驅以為度，恐懈怠則思慎始而敬終，慮壅蔽則思虛心以納下，想讒邪則思正身以黜惡，恩所加則思無因喜以謬賞，罰所及則思無因怒而濫刑。總此十思，弘茲九德，簡能而任之，擇善而從之。則智者盡其謀，勇者竭其力，仁者播其惠，信者效其忠。

《貞觀政要》又載，貞觀十三年，魏徵擔心太宗的勤勉儉約不能善始善終，於是上疏進諫，指出太宗「頃年已來，稍乖曩志，敦樸之理，漸不克終」，列舉十項：

其一：

陛下貞觀之初，無為無慾，清靜之化，遠被遐荒，考之於今，其風漸墜。聽言則遠超於上聖，論事則未逾於中主。何以言之？漢文、晉武，俱非上哲，漢文辭千里之馬，晉武焚雉頭之裘。今則求駿馬於萬里，市珍奇於域外，取怪於道路，見輕於戎狄，此其漸不克終一也。

其二：

陛下貞觀之始，視人（民）如傷，恤其勤勞，愛民猶子。每存簡約，無所營為。頃年已來，意在奢縱，忽忘卑儉，輕用人力，乃云：「百姓無事則驕逸，勞役則易使。」自古以來，未有由百姓逸樂而致傾敗者也，何有逆畏其驕逸而故欲勞役者哉？恐非興邦之至言，豈安人之長算？此其漸不克終二也。

其三：

陛下貞觀之初，損己以利物。至於今日，縱慾以勞人。卑儉之跡歲改，驕侈之情日異。雖憂人之言不絕於口，而樂身之事實切於心。……此其漸不克終三也。

其四：

陛下貞觀之初，砥礪名節，不私於物，惟善是與，親愛君子，疏斥小人。今則不然，輕褻小人，禮重君子。重君子也，敬而遠之；輕小人也，狎而近之。……昵近小人，非致理之道；疏遠君子，豈興邦之義？此其漸不克終四也。

其五：

陛下貞觀之初，動遵堯舜，捐金抵璧，反樸還淳。頃年以來，好尚奇異，難得之貨，無遠不臻；珍玩之作，無時能止。上好奢靡，而望下敦樸，未之有也。末作滋興，而求豐實，其不可得，亦已明矣。此其漸不克終五也。

其六：

貞觀之初，求賢如渴，善人所舉，信而任之，取其所長，恆恐不及。近歲已來，由心好惡，或衆善舉而用之，或一人毀而棄之，或積年任而信之，或一朝疑而遠之。……君子之懷，蹈仁義而弘大德；小人之性，好讒佞以為身謀。陛下不審察其根源，而輕為之臧否，是使守道者日疏，干求者日進，所以人思苟免，莫能盡力。此其漸不克終六也。

其七：

陛下初登大位，高居深視，事惟清靜，心無嗜慾。……數載之後，不能固志。……以馳騁為歡，莫慮不虞之變，事之不測，其可救乎？此其漸不克終七也。

其八：

陛下初踐大位，敬以接下，君恩下流，臣情上達，咸思竭力，心無所隱。頃年已來，多所忽略。或外官充使，奏事入朝，思睹闕庭，將陳所見，欲言則顏色不接，欲請又恩禮不加。間因所短，詰其細過，雖有聰辯之略，莫能申其忠款，而望上下同心，君臣交泰，不亦難乎？此其漸不克終八也。

其九：

陛下貞觀之初，孜孜不怠，屈己從人，恆若不足。頃年已來，微有矜放，恃功業之大，意蔑前王；負聖智之明，心輕當代，此傲之長也。……親狎者阿旨而不肯言，疏遠者畏威而莫敢諫，積而不已，將虧聖德。此其漸不克終九也。

其十：

貞觀之初，頻年霜旱，畿內戶口並就關外，攜負老幼，來往數年，曾無一戶逃亡，一人怨苦。……頃年已來，疲於徭役，關中之人，勞弊尤甚。……脫因水旱，穀麥不收，恐百姓之心，不能如前日之寧帖。此其漸不克終十也。

對上述各條，太宗也完全接受：

疏奏，太宗謂徵曰：「人臣事主，順旨甚易，忤情尤難。公作朕耳目股肱，常論思獻納。朕今聞過能改，庶幾克終善事。若違此言，更何顏與公相見？復欲何方以理天下？自得公疏，反覆研尋，深覺詞強理直，遂列為屏障，朝夕瞻仰。又錄付史司，冀千載之下，識君臣之義。」乃賜黃金十斤，廄馬二匹。

魏徵忠勇直諫，唐太宗虛心納諫，將魏徵上疏寫在臥榻屏風上以便隨時警戒，此乃君明臣賢之典範也。

陳毅元帥的氣節

我國老一輩革命家、功勛卓越的陳毅元帥，德才兼備、文武俱能、智勇雙全、嚴以律己、革命操守始終如一，令人敬仰。1936年，他在江南領導新四軍部分主力浴血奮戰時，寫下《梅嶺》三章。

其一：

斷頭今日意如何？創業艱難百戰多。

此去泉台招舊部，旌旗十萬斬閻羅。

其二：

南國烽煙正十年，此頭須向國門懸。
後死諸君多努力，捷報飛來當紙錢。

其三：

投身革命即為家，血雨腥風應有涯。
取義成仁今日事，人間遍種自由花。

此詩表達出一位革命者為了中國人民解放事業而不怕犧牲、視死如歸的英雄氣概。

中華人民共和國成立後，有些革命幹部雖然經受住了戰爭年代炮火的考驗，卻沒有經受住糖衣炮彈的攻擊，在物質利益的引誘下，開始腐化墮落，引起中央的高度警惕。

相比之下，陳毅元帥能夠以身作則，對自己、對家屬嚴格要求，一直保持着艱苦樸素的優良作風，為幹部和群眾所稱道。1954年他曾寫詩《手莫伸》以明志自勵。其詩如下：

一九五四年仲春，由京返寧，感觸紛來，慨然命筆。不作詩詞久矣。觀宇宙之無窮，念人生之須臾，反覆其言，以勵晚節。

手莫伸，伸手必被捉。
黨與人民在監督，萬目睽睽難逃脫。
汝言懼捉手不伸，他道不伸能自覺。其實想伸不敢伸，人民咫尺手自縮。
豈不愛權位，權位高高聳山嶽。
豈不愛粉黛，愛河飲盡猶飢渴。
豈不愛推戴，頌歌盈耳神仙樂。
第一想到不忘本，來自人民莫作惡。
第二想到黨培養，無黨豈能有所作？
第三想到衣食住，若無人民豈能活？

第四想到雖有功，豈無過失應慚怍。
吁嗟乎，九牛一毫莫自誇，驕傲自滿必翻車。
歷覽古今多少事，成由謙遜敗由奢。

今天，人們生活在充斥種種慾望和誘惑的現實之中，色厲內荏、意志薄弱者隨時會被糖衣炮彈所擊倒。特別是一些有權有勢的官員，如果經不住利和色的引誘，在小人包圍中、在親友慫恿下，就會一步步陷入貪腐的深淵，葬送前程。但君子人格強健者，依然可以從容面對各種脅迫利誘而泰然自若。孔子說：「不義而富且貴，於我如浮雲。」這就是有操守者的坦然心懷。

當然，君子並非不食人間煙火的避世者，他的堅強不是離俗獨行，而是「君子和而不流」，是在生活的關鍵節點上能夠堅守原則。君子有喜怒哀樂、有慾望、有畏懼，也會經常出差錯，但絕不越出仁義底線，正如荀子所說：「君子易知而難狎，易懼而難脅，畏患而不避義死，欲利而不為所非。交親而不比，言辯而不辭。蕩蕩乎，其有以殊於世也。」

宋代周敦頤作《愛蓮說》，曰：

水陸草木之花，可愛者甚蕃。晉陶淵明獨愛菊。自李唐來，世人甚愛牡丹。予獨愛蓮之出淤泥而不染，濯清漣而不妖，中通外直，不蔓不枝，香遠益清，亭亭淨植，可遠觀而不可褻玩焉。予謂菊，花之隱逸者也；牡丹，花之富貴者也；蓮，花之君子者也。噫！菊之愛，陶後鮮有聞。蓮之愛，同予者何人？牡丹之愛，宜乎眾矣！

其中「予獨愛蓮之出淤泥而不染」一句最能體現君子人格獨立而又不離俗世的品格，周敦頤稱蓮為花之君子，誠哉斯言。

北京紫竹院景亭有一副對聯：

竹本無心，節外偏生枝葉；
藕雖有孔，心中不染塵埃。

竹有勁節，不乏枝葉茂盛；蓮藕多孔，卻能不沾泥土。真君子的節操是在日常生活和工作中、在與人群交往中不斷顯現出來的，良好的品格已經內化在血液中，成為一種生活習性，而且能夠隨時影響周圍人群，起到移風易俗的作用。

四講　有容量，擴人之胸

君子與小人的一個重要差別是君子心胸開闊，能包容他者；小人心胸狹窄，喜歡結黨營私。孔子說：「君子和而不同，小人同而不和。」「和」是承認差異，包納多樣；「同」是自以為是，不容他者。由「和」生出「和諧」，乃是中華思想文化的主流，源遠流長；由「同」生出「一言堂」，如不能「同」必然引起爭鬥，它是一種支流。

《國語．鄭語》載，周太史史伯說：「和實生物，同則不繼。」意思是，多樣性事物相遇才能產生新的品物，相同事物相加不會有新生事物出現。從此「和與同」便成為思想家經常論述的一對哲學範疇，並運用到社會生活的各個領域，發揮了巨大的作用。

《左傳．昭公二十年》載，齊國賢臣晏嬰與齊景公論「和與同」：

和如羹焉，水、火、醯（醋）、醢（醬）、鹽、梅（梅子），以烹魚肉，燀（燒煮）

之以薪，宰夫和之，齊之以味，濟其不及，以泄其過。君子食之，以平其心。君臣亦然：君所謂可而有否焉，臣獻其否以成其可；君所謂否而有可焉，臣獻其可以去其否。是以政平而不干（違背），民無爭心。

聲亦如味，一氣、二體、三類、四物、五聲、六律、七音（宮、商、角、徵、羽、變宮、變徵）、八風、九歌（水、火、木、金、土、穀、正德、利用、厚生），以相成也。清濁、小大、短長、疾徐、哀樂、剛柔、遲速、高下、出入、周疏，以相濟也。君子聽之，以平其心，心平德和。故《詩》曰：「德音不瑕（玉之斑點）。」今據（景公親信大夫梁丘據）不然，君所謂可，據亦曰可；君所謂否，據亦曰否。若以水濟水，誰能食之？若琴瑟之專壹，誰能聽之？同之不可也如是。

晏嬰用「和同之論」來詮釋美味的肉羹是多種食物調料相濟而成的，動聽的音樂是多種音階、樂器、聲調、旋律配合而成的，那麼健康的君臣關係，只能是「和」，不能是「同」。即君出的主意，臣要找其不足；君認為不好的事情，臣要指出其中的正確成分。只有這樣才能集思廣益、互補所缺、統籌兼顧、政通人和、民心安定。

自從孔子和弟子有子説了「君子和而不同，小人同而不和」與「禮之用，和為貴」

以後，「和文化」便成為中國人做人、做事、立制的重要原則。

成書於戰國時期的《易傳》說：「乾道變化，各正性命，保合太和，乃利貞。」提出「太和」，即和諧之至。又說：「地勢坤，君子以厚德載物。」還說：「天下一致而百慮，同歸而殊塗（途）。」認為多樣性是天下文明發展的客觀規律，既有大方向上的共同目標，又有各自發展的特殊進路，君子要包納萬事萬物才能成其厚德。

《中庸》說：「萬物並育而不相害，道並行而不相悖。」同樣強調了萬物的多樣性、和諧與真理的多樣性統一，不能且不應唯我獨尊、一家獨大。

中華文化的多元通和傳統

古代的精英群體不僅是這樣說的，也是這樣做的，遂成就了中華民族重和諧的性格和中華文化多元包容兼有的傳統。如上古的龍鳳圖騰是多種動物圖騰的綜合，天神是多神的系列，遠祖是三皇五帝，民族是多樣性的匯合。

先秦有百家爭鳴，儒、道、墨、法、名、陰陽各家異彩紛呈。比如戰國末期有《呂氏春秋》，漢初有《淮南子》。前書由呂不韋主持，後書由淮南王劉安主編。劉安帶領各學派學者，將夏、商、周三代以來諸家思想加以綜合整理和多方位解說，內容廣博深邃，對於今天具有重要借鑒作用。

《呂氏春秋》與《淮南子》都有很強的包容精神，兩書在政治上主張開明的賢人政治，以調動社會各方面的積極性，共同為國家服務。《呂氏春秋．不二》篇提倡「齊萬不同，愚智工拙，皆盡力竭能，如出乎一穴」；《淮南子．齊俗訓》提倡「士無遺行，農無廢功，工無苦事，商無折貨，各安其性，不得相干」「入其國，從其俗」。

在哲學上，《呂氏春秋．用眾》認為「物固莫不有長，莫不有短」「善學者，假人之長，以補其短」；《淮南子．要略》稱「劉氏之書，觀天地之象，通古今之事」「棄其畛挈，斟其淑靜，以統天下，理萬物，應變化，通殊類。非循一跡之路，守一隅之指」，故能廣大富有，普遍適用。

漢武帝採納董仲舒的建策，罷黜百家、表彰六經，但他只是將儒學作為政治意識形態對待，並沒有在文化上做到獨尊儒術。司馬談的《論六家要旨》將先秦諸學說歸納為六家：陰陽、儒、墨、名、法、道。在漢代，陰陽之學與道學融入儒學，墨家、名家的邏輯思想被學界吸收，法制成為儒學治國的輔助，形成禮主刑輔的模式。儒學與道家互補的黃（帝）老（子）之學一直流行，後來從道家中又發展出道教。兩漢之際，從印度傳入佛教，至漢末三國時期佛教興起，開始具有全國規模。魏晉南北朝時期，儒、道、佛三教在爭辯中逐漸走向會通。隋唐以後，儒、道、佛三教深度融會，形成中華思想文化的三角間架，起到了核心支柱的作用。在三教合流思潮帶動下，基督教、伊斯蘭教先後進入中國並不斷中國化。宋明儒家吸收佛、道二教而成就新儒家，唐宋佛教吸收儒、道二家而成就中國式的禪宗和其他宗派，宋金元道教吸收佛、儒二家而成就全真道。在三教中，儒學是主導，佛、道是輔助。雖然其間發生過摩擦和政治權力干預，如「三武一宗滅佛」事件，但為時暫短，未能成為傳統。在各種學說之間、各宗教之間，形成多元通和的生態模式，不僅彼此和諧，而且互相學習，沒有發生類似歐洲中世紀「十字軍東征」那樣的宗教戰爭。

在中國，有敬天法祖信仰，有世界三大宗教佛教、基督教、伊斯蘭教及其主要教派，有本土道教，有各種民間宗教，有少數民族原始巫教（如薩滿教、東巴教、布洛陀信仰）及原始崇拜等。正常情況下，它們都能夠和平共處，有外國學者稱中國為「宗教的聯合國」。

這種情況在其他世界大國中是罕見的，這也正是中國文化多元包容精神的體現。外來宗教和思想，只要愛國守法、向上向善，在中國都有生存和發展的空間。究其原因：

一是儒學講「和而不同」「天下一家」；二是道家、道教講「有容乃大」「三教一家」，佛教講「修身以儒，治心以佛，養生以道」。「和而不同」已是根植於中華民族血脈中的文化基因。明清兩代，儒、道、佛三教合流思潮向民間宗教與文學擴散，出現了以三教綜合為特色的白蓮教、羅祖教、三一教、八卦教、黃天教等民間教門。其教義皆三教摻雜而側重不同，羅祖教近佛，黃天教近道，三一教近儒。其成員是下層民眾；其骨幹成員未進入上層，一般為家族所掌控，具有地方性；其發展模式為交錯、衍生，並不斷湧現新教門；其往往不被中央政權承認而祕密開展活動。

明清小說多採納三教質素而作文藝構思。如《西遊記》中有玉皇大帝和唐太宗為代表的儒家；有太上老君為首的道教神仙世界；有如來佛為首的各菩薩、高僧的佛教天國。《紅樓夢》中有以賈政為代表的儒家宗法主義，講究仕途經濟；有以唱《好了歌》的跛足道人為代表的道教出家之路；有把富貴榮華視為夢幻、視人生為遊戲、只「為他人作嫁衣裳」的佛教悲觀主義。白話短篇小說集「三言二拍」採集了大量與三教有關的故事，如道教故事「張道陵七試趙升」「陳希夷四辭朝命」；佛教故事「月明和尚度柳翠」「梁武帝累修成佛」；儒家影響下的故事「滕大尹鬼斷家私」「鬧陰司司馬貌斷獄」。文言短篇小說集《聊齋志異》以鬼狐故事諷喻世事：有《席方平》寫不畏強暴的正義人格，《司文郎》《于去惡》揭露科舉制度的黑暗，《夢狼》寫虎官狼吏摧殘百姓，《促織》寫權貴享樂對小民的脅迫，皆帶有儒家色彩；《嶗山道士》《畫皮》《仙人島》等與道教相關；《金和尚》《番僧》《僧術》與佛教相關。還有一些三教各自影響下的小說，如儒家的《包公案》、道教的《綠野仙蹤》、佛教的《濟公全傳》，皆為民眾所喜愛。

譚嗣同「仁通之學」和費孝通「十六字箴言」

應該看到，兩千多年的君主專制主義，在政治上不僅嚴重束縛了中國人的個性發展，而且壓制了貴和、開放傳統。清後期實行閉門鎖國政策，致使近代中國落後，受到西方列強欺侮。為振興中華，有識之士在復興中華優秀傳統文化的同時，張開雙臂向西方學習。

「戊戌六君子」之一的譚嗣同作《仁學》，提出「仁以通為第一義」，主張「中外通、上下通、男女內外通、人我通」，要通商、通政、通學。

偉大的民主革命先行者孫中山領導的辛亥革命，以民族、民權、民生的「三民主義」為指導，推翻帝制，確立了民主共和制度。民族主義就是爭取中華民族的獨立解放，實行「五族共和」，對外實行王道，反對霸道。民權主義就是民有、民治、民享，權力歸於人民。民生主義就是平均地權，節制資本，發展實業，實現孟子的仁政。他還提出新八德：忠、孝、仁、愛、信、義、和、平。這都體現了中西文化的優勢互補。學界主流主張「融匯中西，貫通古今」，指導學術文化走繼承、開放、創新的道路。

在當代，著名的社會學家費孝通先生，把孔子「和而不同」的智慧提升到一個新的高度。他在 20 世紀 80 年代，提出「中華民族多元一體格局」，對於中華民族的多元性與一體性有精確表述，既照顧了各民族的多樣社會文化樣式，又強調了中華民族是各民族友愛團結的大家庭，有力地推動了民族團結合作。

90 年代，費孝通又提出「各美其美，美人之美，美美與共，天下大同」十六字箴言，表述了文化自覺的精義。即每個民族都要熱愛本民族的優秀文化，同時要學習其他民族的優秀文化，各民族的優秀文化匯合在一起，多彩多姿而又和諧的大同世界就到來了。

費孝通的文化自覺十六字箴言，對孔子「和而不同」的發展在於：其一，明確各民族在文化上要將自愛與愛他相結合，既傳承本民族的優秀文化，又借鑒其他民族的優秀文化，要有文化自信力和開放心態；其二，「和而不同」是指多樣性文化中真善美的要素之間的和諧與會通，因此必須用理性的態度和清醒的意識對待本民族文化的優缺點，對其他民族文化的吸收也要有分析和選擇。不能自美其醜，也不能自醜其美；同樣，不能美人之醜，也不能醜人之美。

君子要有容量，必須實行中庸之道，其要義是避免「過猶不及」，把握好分寸，為此要與有操守相結合，把中庸與鄉原分得清清楚楚。中庸是為了更好地愛人，因此會顧全大局、堅守中和，而不是成為四面討好、八面玲瓏、不分是非那樣的「鄉原」之人，孔子稱之為「德之賊」。

君子的容量在日常生活中應體現為兼聽與忠厚，虛心聽取批評甚至尖銳的批評，有則改之，無則加勉；能坦然面對別人的不理解和誤解，「人不知而不慍，不亦君子乎」；能不計較個人的得失，多關心別人的疾苦，給別人雪中送炭般的溫暖，「周急不濟富」。

君子有容量的另外一個重要體現是能處理好人際關係。孔子說：「君子周而不比，小人比而不周。」君子合群而不勾結，小人反是。孔子又說：「君子矜而不爭，群而不黨。」君子莊重而不爭功利，合群而不結黨營私。孔子提倡君子交朋友，說：「有朋自遠方來，不亦樂乎？」「君子以文會友，以友輔仁。」孔子對交友有要求，指出什麼人可交，什麼人不可交：「益者三友，損者三友。友直，友諒，友多聞，益矣。友便辟，友善柔，友便佞，損矣。」

俗語説，近朱者赤，近墨者黑。故交友不可不慎。總之，君子以義相聚，輔仁成事，故有朋友而無圈子、不搞團夥、不謀私利。

歐陽修論「以友輔仁」

北宋文學家歐陽修寫過一篇《朋黨論》（被收入《古文觀止》），內容如下：

臣聞朋黨之説，自古有之。惟幸人君辨其君子小人而已。大凡君子與君子，以同道為朋；小人與小人，以同利為朋。此自然之理也。

然臣謂小人無朋，惟君子則有之。其故何哉？小人所好者，利祿也；所貪者，財貨也。當其同利之時，暫相黨引以為朋者，偽也。及其見利而爭先，或利盡而交疏，則反相賊害，雖其兄弟親戚，不能相保。故臣謂小人無朋，其暫為朋者，偽也。君子則不然，所守者道義，所行者忠信，所惜者名節。以之修身，則同道而相益；以之事國，則同心而共濟，始終如一，此君子之朋也。故為人君者，但當退小人之偽朋，用君子之真朋，則天下治矣。

堯之時，小人共工、兜等四人為一朋。君子八元、八凱十六人為一朋。舜佐堯，退四兇小人之朋，而進元、凱君子之朋。堯之天下大治。及舜自為天子，而皋、夔、稷、契等二十二人並列於朝，更相稱美，更相推讓。凡二十二人為一朋，而舜皆用之，天下亦大治。《書》曰：「紂有臣億萬，惟億萬心；周有臣三千，惟一心。」紂之時，億萬人各異心，可謂不為朋矣。然紂以亡國。周武王之臣三千人為一大朋，而周用以興。後漢獻帝時，盡取天下名士囚禁之，目為黨人。及黃巾賊起，漢室大亂，後方悔悟，盡解黨人而釋之，然已無救矣。唐之晚年，漸起朋黨之論，及昭宗時，盡殺朝之名士，或投之黃河，曰：「此輩清流，可投濁流。」而唐遂亡矣。

夫前世之主，能使人人異心不為朋，莫如紂；能禁絕善人為朋，莫如漢獻帝；能誅戮清流之朋，莫如唐昭宗之世。然皆亂亡其國。更相稱美、推讓而不自疑，莫如舜之二十二人，舜亦不疑而皆用之。然而後世不誚舜為二十二人朋黨所欺，而稱舜為聰明之聖者，以能辨君子與小人也。周武之世，舉其國之臣三千人共為一朋，自古為朋之多且大莫如周，然周用此以興者，善人雖多而不厭也。

嗟呼！治亂興亡之跡，為人君者可以鑒矣。

此論寫於宋仁宗時，當時輔政大臣有杜衍、富弼、韓琦、范仲淹，諫官有歐陽修、余靖、王素、蔡襄，一些朝中小人借朋黨之說攻擊賢臣，使其不安其位而去職，歐陽修遂上書論朋黨，說明君子真朋與小人偽朋之別在道義與利益，希望仁宗用君子真朋而退小人偽朋。

君子真朋不嫌其多，能使上下一心而國治，小人偽朋則使一國異心而國亡，歷史的經驗教訓不可不汲取。此論的重要性在於，執政要員必須是君子群體，君子越多越好，絕不能小人當道，否則天下離心，國將衰亂。

廉頗、藺相如的刎頸之交

《史記》中有一篇《廉頗藺相如列傳》，記述廉藺二人的君子之交。

廉頗是趙國的有功名將，藺相如當初不過是趙國宦者令繆賢舍人的門客。趙國有和氏璧，秦昭王表示願以十五城交換此璧。當時秦強趙弱，趙王恐秦王假許諾，拿不定主意。繆賢推薦藺相如持璧赴秦交涉。秦王果然無意給趙國城池，只是把玩和氏璧。相如謊稱璧有瑕疵要指給秦王看，當把璧拿到手後，他持璧向柱而立，怒髮衝冠，斥責秦王無信用，若強奪之，「臣頭今與璧俱碎於柱矣」，若給城，尚須齋戒五日，以示其誠。然後暗中派人持璧回到趙國。秦王齋五日後，設禮於廷，請相如。相如明告秦王，由於擔心秦負趙，璧已送回趙國，須由秦國先割十五城，趙國便不敢不奉送璧。秦王無奈，只好送相如回國。相如有功，於是拜為上大夫。

後來秦趙兩國國君會於澠池，相如伴行。秦王請趙王鼓瑟，趙王鼓之，秦御史即書曰：「某年月日，秦王與趙王會飲，令趙王鼓瑟。」相如向前，以趙王名義請秦王奏盆缶，秦王不許。相如持缶對秦王說：「五步之內，相如請得以頸血濺大王矣！」秦王只好一擊缶，相如便令趙御史書曰：「某年月日，秦王為趙王擊缶。」秦國群臣要求趙國用十五城為秦王祝壽，相如則請秦用咸陽為趙王祝壽。由於趙國事先設重兵待秦，秦此次不敢輕舉妄動。趙王回國後以相如功大，拜為上卿，位居廉頗之右。

廉頗自以為戰功卓越，而相如不過逞口舌之能，且出身低賤，便不甘位在其下，揚言：「我見相如，必辱之。」每次將相遇，相如總主動迴避。相如手下人看不過去，怨相如畏懼廉頗，有違高義。

相如曰：「夫以秦王之威，而相如廷叱之，辱其群臣，相如雖駑，獨畏廉將軍哉？顧吾念之，強秦之所以不敢加兵於趙者，徒以吾兩人在也。今兩虎共鬥，其勢不俱生。吾所以為此者，以先國家之急而後私仇也。」廉頗聞之，肉袒負荊，因賓客至藺相如門謝罪。曰：「鄙賤之人，不知將軍寬之至此也。」卒相與歡，為刎頸之交。

藺相如為保全國家而不計私人恩怨，以毅勇之舉迫使強秦不能凌辱弱趙，又以寬大容忍之心感動虎將廉頗，感召其赤裸上身、背負荊條前來謝罪；廉頗亦不失君子「知過必改」之誠。國家有如此膽氣和心量之忠臣良將，民眾便有依託了，民心便可收攏了，民力便可凝聚了。

丘處機仁厚愛民，一言止殺

金元之際，道教全真道興起，在「全真七子」中湧現出丘處機這樣一位高道大德，道號長春真人，人稱丘祖。他是一位偉大的宗教思想家和實踐家，為中華民族貢獻了自己的智慧。

在中國儒、道、佛三教中，孔子、孟子被稱為儒聖，老子、莊子為道聖，玄奘、慧能為佛聖，而道聖還應加上一人，即丘處機。

玄奘西去印度取經，表現出中華民族主動學習外國文化的開放心態，把佛教請進來，為「一帶一路」國際文化交流和中華文化創新做出了巨大貢獻。由於小說《西遊記》的流行，玄奘取經的故事家喻戶曉。但是許多人不知道，比《西遊記》更早的有《長春真人西遊記》，它不是小說，而是丘處機西行的歷史實錄，是丘祖弟子李志常所撰。

南懷瑾先生在《中國道教發展史略》中說：

唐代玄奘法師，為了求法，在交通阻塞的當時，單人度戈壁沙漠等地的險阻，遠到印度去留學十八年，聲名洋溢中外，功業常留人世，這也是一件永為世人崇拜的事實。可是人們卻遺忘了當成吉思汗武功鼎盛的時期，他遠自印度邊境，也為了一位學者道士，派兵東來中國，迎接丘長春。而且更忽略了丘長春的先見之明，他不辭辛苦地到了雪山以南，是為得預先佈置，保持民族國家文化的傳統。這是多麼可歌可泣，而且含有無限悲憤的歷史往事！

我讚賞南懷瑾將丘祖與玄奘並列，但做兩點修正：一是成吉思汗並未派兵，只派近臣劉仲祿持詔來請，只帶少量護衛；二是丘祖西行不只是為了保持民族國家文化傳統，更急迫重要的是前去說服大汗，拯救戰亂中的民眾。因此，玄奘西行是文化之旅，丘祖西行乃是生命之旅。

丘祖具有君子的仁義、涵養、操守、容量、坦誠、擔當，我這裏重點講他的厚德。我把丘祖精神概括為五個方面。

一曰志道苦修。

他追隨王重陽祖師，學道最早，成道最晚，前後用去十八九年。王重陽去世，丘祖先在磻溪修道六年，後在龍門山修道七年，「真積力久，學道乃成」，如虞集《幽室志》所說，丘祖做到了「堅忍人之所不能堪，力行人之所不能守，以自致於道」。

二曰仁厚愛民。

當成吉思汗在雪山（今阿富汗之興都庫什山）邀丘祖前來相見時，丘祖已七十三歲，而路途逾萬里，中間險阻眾多，他不畏難，決意率十八名弟子前行，動力就是藉此時機救民於水火。他救民心切，愛民情深，而不論民眾是何族何地之人。他在西行之初，寫給道友的詩，說：「十年兵火萬民愁，千萬中無一二留。去歲幸逢慈詔下，今春須合冒寒遊。不辭嶺北三千里，仍念山東二百州。窮急漏誅殘喘在，早教身命得消憂。」當時有人不理解丘祖，指責他忘掉了漢族身份，去討好蒙古族領袖，以獲取政治上的好處。這真是以小人之心度君子之腹。丘祖心量博大，早已超出民族界域，只以救人性命為念。成吉思汗雖殺伐正熾，但敬重丘祖人格。丘祖要說服大汗此舉既有可能性，又有風險，而丘祖高尚的人格魅力、至誠的感人真情、超人的識見智慧，最終感化了大汗，使他收斂了戰爭中屠殺無辜的行為，又前後直接將數萬人救出火坑。《元史．丘處機傳》說：「處機還燕，使其徒持牒招求於戰伐之餘，由是為人奴者得復為良，與瀕死而得更生者，毋慮二三萬人。」元朝商挺《大都清逸觀碑》載，在西行東還的路上對弟子說：「今大兵之後，人民塗炭，居無室、行無食者，皆是也。立觀度人，時不可失。此修行之先務，人人當銘諸心。」後來又間接影響到忽必烈建立的元朝，使之接受了儒家禮樂文明。佛教說，救人一命，勝造七級浮屠（佛塔）。丘祖救人無數，其大功德，曷可計量！

三曰慈勇自尊。

《老子》六十七章說：「慈，故能勇。」丘祖西行，千辛萬苦，曾歷險戰場、避寇叛域、絕糧沙漠，以勇敢者的長征震動了大汗。他與大汗會面時，臨大事而有靜氣，能自尊而又不簡單斥責，遇難題而能從容應對、不卑不亢、游刃有餘。大汗嘉許丘祖能應詔前來，丘祖回答：「山野奉詔而赴者，天也。」表示此行神聖，不必感恩大汗。大汗向他求取長生之藥，丘祖答：「有衛生之道，而無長生之藥。」雖未能滿足大汗的需求，卻使大汗敬佩，故「上嘉其誠」。據《元史．釋老傳》載：「處機每言欲一天下者，必在乎不嗜殺人。及問為治之方，則對以敬天愛民為本。問長生久視之道，則告以清心寡慾為要。」丘祖立論正大，試誠直陳，既不曲意附會，又不玄虛誇誕，獨立而不移，且為國家長遠利益着想，故能得到大汗發自內心的讚許和尊敬，對這種「批鱗逆耳」之談由衷認同，「深契其言」。

四曰樸實純正。

《北遊語錄》中丘祖曾言：「俺五十年學得一個『實』字。」丘祖之實，一是平實，不用方術邪説騙人；二是誠實，待人以真，有話實説；三是實用，興教濟世，有益民生；四是樸實，簡約自律，不尚浮華。丘祖西行，取得巨大成功，賜爵大宗師，掌管天下道教，詔免道院和道人一切賦税差役。他回到燕京長春宮（今北京白雲觀），弟子將宮室修繕完美，「長春師父初入長春宮，登寶玄堂，見棟宇華麗，陳設一新，立視良久，乃出。眾邀之坐，不許。此無他，恐消其福也」。

五曰謙和包容。

丘祖秉承王重陽祖師教導，力主儒、佛、道三教平等、三教一家，有無限包容心。

他讀道經之外，對於主要儒典佛書精熟能誦，《磻溪集》卷一說：「儒釋道源三教祖，由來千聖古今同。」在教內，上與師父，中與同門，下與弟子，皆能虛心以待，默契配合，而無半點爭較之心。七真同門，親如兄弟，雖各自傳道，常相阻隔，而心氣洽通，七真弟子互換門庭，毫無困難，不立派系，不別內外。丘祖之後，弟子互讓掌教之職，有思賢之德，無權位之心，皆因丘祖遺教所致，這在其他宗教中是少見的。《長春真人本行碑》說：「凡將帥來謁，必方便勸以不殺人，有急必周之，士有俘於人者必援而出之。士馬所至，以師與之名，脫欲兵之禍者甚眾。度弟子皆視其才何如，高者挈以道，其次訓以功行，又其次化以罪福，罔有遺者。」清代廣東羅浮山酥醪洞主陳銘珪作《長春道教源流》，其序云：

> 長春之學，深有得於《道德》要言，而無煉養、服食、符籙、禳禬末流之弊。而以其道悟元太祖，又幾於「以餘緒為國家，以土苴為天下」，使後之人頌其慈勇，沒世而不能忘，斯非古之博大真人者乎！

其隨文評論云：

至丘長春子，當殺運方熾之時，以七十餘歲之老翁，行萬數千里之絕域，斷斷然以止殺勸其主，使之回車，此則幾於禹稷之己溺己飢，而同符於孔席不暇暖、墨突不得黔之義，蓋仁之大者也。

《金蓮正宗記》讚詞說：

當蒙古之銳兵南來也，飲馬則黃河欲竭，鳴鏑而華嶽將崩，玉石俱焚，賢愚並戮。屍山積而依稀犯鬥，血海漲而髣髴彌天，赫威若雷，無赦如虎。幸我長春丘仙翁，應詔而起，一見而龍顏稍霽，再奏而天意漸回。詔順命者不誅，許降城而免死。宥驅丁而得贖，放虜口以從良。四百州半獲安生，數萬里率皆受賜。所謂展臂拒摧峰之嶽，橫身遮潰岸之河。救生靈於鼎鑊之中，奪性命於刀鋸之下，不啻乎百千萬億，將逾於秭壤京垓。如此陰功，上通天意，固可以碧霄往返，白日飛昇。又何用於九轉丹砂、七還玉液者也。

其評價之高，實視丘祖為教門中第一人，為中華民族之千古偉人。

清代乾隆皇帝為北京白雲觀丘祖殿題聯：「萬古長生不用餐霞求祕訣，一言止殺始知濟世有奇功。」這是對長春大師一生的定評。北京民俗有燕九節，時在農曆正月十九，即為慶祝丘祖誕辰所設。吳寬的《燕九詩》云：「京師勝日稱燕九，少年盡向城西走。白雲觀前作大會，射箭擊球人馬蹂。古祠北與學宮依，簫鼓不來牲醴稀。如何義士文履善（文天祥），不及道人丘處機。」可知丘祖已在民眾中立下了心碑，其厚德精神讓世世代代銘記感恩。（參看《丘祖精神不朽》，收入《探索宗教》，牟鍾鑒，宗教文化出版社，2008年）

抗戰中的國立西南聯合大學

在中國教育史上合作團結而成就輝煌的典型，是抗日戰爭中的西南聯合大學。1937年「盧溝橋事變」，北平淪陷於日寇之手。北大、清華、南開遷校到後方，先是到長沙成立臨時大學，接着師生輾轉到雲南並落腳昆明，改稱西南聯合大學。抗戰勝利後，1946年北大、清華遷回北平，南開遷回天津。

西南聯大在極其艱苦的條件下，保存了中華民族的一大批精英，並培育出大量愛國愛民、學有專長、融會中西的青年學子。許多人後來成長為國內外著名的科學家、思想家、教育家，也為前線輸送了一批有知識、有文化的抗日戰士。他們在復興民族的偉大事業中成長為先鋒軍和棟樑之材。

西南聯大可以說是中國近現代教育史上的奇跡。之所以能夠如此，一是師生愛國熱情空前高漲，與日寇誓不兩立，自覺為中華民族獨立解放做貢獻；二是三校團結一心，共紓國難，調動了大家的積極性。

馮友蘭先生在《三松堂自序》第十章「西南聯合大學」中，回憶當時情景說：

> 梅貽琦（清華大學校長）說過，好比一個戲班，有一個班底子，聯合大學的班底子是清華、北大、南開派出些名角共同演出。但是步驟都很協調，演出也很成功。
>
> 當時一般師生，對於最後勝利都有堅強的信心，都認為聯大是暫時的，三校是永久的，而三校除了維持其原有的班子外，也都隨時網羅人才，以為將來的補充。

馮先生將聯大比喻成一個大家庭：

它們的一般生活靠大家庭，但各房又各有自己經營的事業。「官中」「私房」並行不悖，互不干涉，真是像《中庸》所說的「小德川流，大德敦化，此天下之所以為大也」。

馮先生引聯大校歌歌詞：

萬里長征，辭卻了、五朝宮闕。暫駐足衡山湘水，又成離別。絕徼移栽楨幹質，九州遍灑黎元血。盡笳吹、弦誦在山城，情彌切。

千秋恥，終當雪。中興業，須人傑。便一成三戶，壯懷難折。多難殷憂新國運，動心忍性希前哲。待驅除仇寇，復神京，還燕碣。

1946年聯大北歸之前，為紀念聯大而刻石立碑，碑文由馮友蘭部分吸收聯大校歌歌詞又開拓、提煉而成。

全文如下：

中華民國三十四年九月九日，我國家受日本之降於南京。上距二十六年七月七日盧溝橋之變，為時八年；再上距二十年九月十八日瀋陽之變，為時十四年；再上距清甲午之役，為時五十一年。舉凡五十年間，日本所鯨吞蠶食於我國家者，至是悉備圖籍獻還。全勝之局，秦漢以來，所未有也。

國立北京大學、國立清華大學原設北平，私立南開大學原設天津。自瀋陽之變，我國家之威權逐漸南移，惟以文化力量與日本爭持於平津，此三校實為其中堅。二十六年平津失守，三校奉命遷湖南，合組為國立長沙臨時大學，以三校校長蔣夢麟、梅貽琦、張伯苓為常務委員主持校務，設法、理、工學院於長沙，文學院於南嶽，於十一月一日開始上課。迨京（南京）滬失守，武漢震動，臨時大學又奉命遷雲南。師生徒步經貴州，於二十七年四月二十六日抵昆明。旋奉命改名為國立西南聯合大學，設理、工學院於昆明，文、法學院於蒙自，於五月四日開始上課。一學期後，文、法學院亦遷昆明。二十七年，增設師範學院。二十九年，設分校於四川敘永，一學年後並於本校。昆明本為後方名城，自日軍入安南、陷緬甸，乃成後方重鎮。聯合大學支持其間，先後畢業學生二千餘人，從軍旅者八百餘人。

河山既復，日月重光，聯合大學之戰時使命既成，奉命於三十五年五月四日結束。原有三校，即將返故居，復舊業。緬維八年支持之苦辛，與夫三校合作之協和，可紀念者，蓋有四焉。

我國家以世界之古國，居東亞之天府，本應紹漢唐之遺烈，作並世之先進。將來建國完成，必於世界歷史居獨特之地位。蓋並世列強，雖新而不古；希臘、羅馬，有古而無今。惟我國家，亙古亙今，亦新亦舊，斯所謂「周雖舊邦，其命維新」者也。曠代之偉業，八年之抗戰已開其規模，立其基礎。今日之勝利，於我國家有旋乾轉坤之功，而聯合大學之使命，與抗戰相終始。此其可紀念者一也。

文人相輕，自古而然，昔人所言，今有同慨。三校有不同之歷史，各異之學風，八年之久，合作無間。同無妨異，異不害同，五色交輝，相得益彰，八音合奏，終和且平。此其可紀念者二也。

「萬物並育而不相害，道並行而不相悖，小德川流，大德敦化，此天地之所以為大。」斯雖先民之恆言，實為民主之真諦。聯合大學以其兼容並包之精神，轉移社會一時之風氣，內樹學術自由之規模，外來民主堡壘之稱號，違千夫之諾諾，作一士之諤諤。此其可紀念者三也。

稽之往史，我民族若不能立足於中原，偏安江表，稱曰南渡。南渡之人，未有能北返者。晉人南渡，其例一也；宋人南渡，其例二也；明人南渡，其例三也。風景不殊，晉人之深悲；還我河山，宋人之虛願。吾人為第四次之南渡，乃能於不十年間，收恢復之全功。庾信不哀江南，杜甫喜收薊北。此其可紀念者四也。

聯合大學初定校歌，其辭始歎南遷流離之苦辛，中頌師生不屈之壯志，終寄最後勝利之期望；校以今日之成功，歷歷不爽，若合符契。聯合大學之終始，豈非一代之盛事、曠百世而難遇者哉！爰就歌辭，勒為碑銘。銘曰：

痛南渡，辭宮闕。駐衡湘，又離別。更長征，經嶢嵲。望中原，遍灑血。抵絕徼，繼講說。詩書喪，猶有舌。盡笳吹，情彌切。千秋恥，終已雪。見仇寇，如煙滅。起朔北，迄南越，視金甌，已無缺。大一統，無傾折。中興業，繼往烈。羅三校，兄弟列。為一體，如膠結。同艱難，共歡悦。聯合竟，使命徹。神京復，還燕碣。以此石，象堅節。紀嘉慶，告來哲。

此紀念碑現在在北大、清華、南開校園皆有複製碑及文，以方便後人觀瞻。此碑文是可以傳世的名篇，青少年學子皆宜加以背誦。其中有對五千年中華文明的讚頌和由此鑄成的自信和自豪感；有保衛國家、振興民族的堅強意志與勇氣；有團結合作、海納百川的博大胸懷與視野；有爭取民主自由、實行兼容並包的中正品格與精神。其中「同無妨異，異不害同，五色交輝，相得益彰，八音合奏，終和且平」已成為名句，使孔子「和而不同」的包容精神得到發揚，鼓舞着中華民族為建設和諧社會與和諧世界而奮鬥。

什剎海書院的開放包容和張岱年先生的厚德載物

當今許多佛寺、道觀，皆以三教和合、開放包容為宗旨。試舉一例。

北京什剎海附近廣化寺，在怡學法師的推動下，於 2011 年建立了什剎海書院，院訓是「崇德尚智，至正中和」，宗旨是：「秉承五千年中華人文傳統之大道，兼容釋道儒百家諸子探索之精神，肩負新時代人類濟世和諧之使命，培育重道德自信自覺自強之英才。」

首任院長是北京大學湯一介教授。湯先生去世後，由著名文化比較學家樂黛雲教授繼任院長，聘用一大批儒學、道學、佛學、醫學研究領域知名學者和佛教界、道教界大德為書院導師、教授、學術委員，舉辦什剎海四季論壇：儒學季、佛學季、道學季、易學季，還有國醫論壇、國學經典閱讀、中小學師資培訓、藝術培訓、書畫展、出版論壇成果等，書院做了大量文化建設工作，受到民眾的廣泛讚揚。什剎海書院早已超越了教門侷限，成為一個中華多元文化匯聚、創新、普及的欣欣向榮的園地。

張岱年先生是當代國學大家、現代哲學家、哲學史家，2004年去世。他對我影響很大，在做人與做學問上都是我的榜樣。張岱年先生把中華精神概括為「自強不息」與「厚德載物」，而且他自己就是中華精神的一位體現者。

他直道而行，性情耿介，同時忠厚益人，獎掖後進，有求必應。在他備受崇敬、聲名日隆的晚年，仍然質樸如昔、和藹可親。學生輩出書求序，有求必應，都是閱後提出灼見，以鼓勵為主，寫序之多難以統計。學術會議有請必到，在他去世前一年，中國人民大學舉辦實學研究會十周年慶典，他已經九十四歲高齡，且已不能行走，依然應請到會，由學生把他抬到會場。

1994年，中共中央黨校出版社要為青少年編一本《中國思想文化典籍導引》，由張岱年先生擔任主編，我擔任副主編，並合寫了前言，其中有這樣幾段話：

> 我們從浩瀚的書典中經過反覆篩選，提出國學書目85部。這個書目照顧到傳統的經、史、子、集「四部」和儒、佛、道「三家」，又不受其侷限，按內容分為經典、諸家、史著、文學、蒙學、科技、匯編七大類。

有些書，如《周易》《論語》《孟子》《老子》《孫子兵法》《史記》《綱鑒易知錄》《唐詩三百首》《古文觀止》《幼學瓊林》十部，則屬於最低限度必讀之書。

東方文明和西方文明逐漸形成互補共進、雙向交流的嶄新局面。在這種國際性文化格局下，中國現代知識分子必須兼有東西文化的素養，才能承擔起歷史賦予的重任。

上述內容，主要是張岱年先生的，他以平等、討論的態度與作為學生的我交換意見，由我執筆，堅持共同署名，可知其胸懷多麼廣大。張岱年先生早年著《中國哲學大綱》，引用西方哲學範疇，提煉中國哲學綱目，分為宇宙論、人生論、致知論三大部分，而以人生論為主。

他指出，中國哲學「合知行」「一天人」「同真善」「重人生」「重了悟」；而西方哲學本質是愛智，以求真為目的。書的結論指出：中國哲學的最大貢獻，在於生活準則論即人生理想論，而人生理想論之最大貢獻是人我和諧之道的宣示。

孔子的仁、墨子的兼愛，都是講人我和諧之道。這對發展中國新哲學有重大啟示。在發展當代中國哲學的問題上，張岱年先生力主綜合創新。他主張學習西方理性精神、科學方法、個性解放、辯證思維，同時批判和超越西方社會達爾文主義、功利主義、絕對理念、鬥爭哲學的侷限，用中國的模式和話語來深化和表達中國哲學重仁愛、重和諧、重倫理、重自然的意蘊，把宇宙論、人生論、致知論統一起來，重建中國式的信道、崇仁、尚中、貴和的生命哲學，為破解人生困苦和社會困局尋找出路，為文明人的成長、文明社會的進步提供大智慧。積極開展百家爭鳴，推動中國哲學形成眾多學派。可以說，張先生用一生時間實踐了厚德載物的人生追求。（參看《追念厚重質樸的張岱年先生》，收入《涵泳儒學》，牟鍾鑒，中央民族大學出版社，2011 年）

五講　有坦誠，存人之真

孔子說：「君子坦蕩蕩，小人長戚戚。」

坦蕩就是心地光明磊落，沒有不可告人的污濁之事，故心安理得。小人心懷鬼胎，故坐立不安。孔子未明言「誠」，但常言「直」與「信」，皆與「誠」相近。直就是真率坦誠、秉公行事。他說：「舉直錯諸枉，則民服。」「舉直錯諸枉，能使枉者直。」又說：「以直報怨，以德報德。」賢臣必直，能得民心，且可校正佞臣（枉者）之失。孔子反對以怨報怨，也不贊成以德報怨，而是主張以直報怨，即直道而行，不去計較別人對自己的傷害。至於以德報怨，往往是少數宗教家所為，目的是想用恩義來感化作惡者，一般人難以做到。

孔子說的「人而無信，不知其可也」「民無信不立」中的「信」就是守承諾、言行一致的意思。

《易傳．文言》云：「修辭立其誠。」疏云：「誠謂誠實。」

孟子講「誠」說：「誠者，天之道也；思誠者，人之道也。」

誠，與偽相對，與妄相反，是真實、有信、表裏如一、不偽善、不欺瞞，做性情中人。孟子首次將「誠」提升到天道性命的高度，認為天地萬物的存在和變化是真實無妄的，只有人類社會才會出現偽詐現象，但文明要求人道效法天道，回歸真誠無妄，即「反身而誠」上來。自身不誠就無法打動別人，故說：「悅親有道，反身不誠，不悅於親矣。」他進一步指出：「誠身有道，不明乎善，不誠其身矣！」「萬物皆備於我。反身而誠，樂莫大焉。強恕而行，求仁莫近焉。」意思是，萬物之道都能在自己身上有體現，物我相通，故應仁民愛物，以此為精神享受。有誠才有真仁真義，無誠必是假仁假義。

在先秦時期，建立起系統「誠」的哲學的著作是《中庸》，其作者像是孟子後學。《中庸》論「誠」，有深度、有高度。第一，提出「不誠無物」「至誠不息」「不息則久」。這是天道規律，假象終將破滅。第二，指出人道之誠有兩種：一種是聖賢可以做到「不勉而中，不思而得，從容中道」，這就是「自誠明，謂之性」；一般人則須修道以教之，明善以導之，這就是「自明誠，謂之教」。具體說來，要「擇善而固執」「博學之，審問之，慎思之，明辨之，篤行之」。第三，說明誠的目標是「成己成物」。其公式是：至誠

→盡己之性→盡人之性→盡物之性→贊天地之化育。第四，指明至誠的地位和作用在於「唯天下至誠，為能經綸天下之大經，立天下之大本，知天地之化育」。就是說，有至誠之人，才能確立國家發展的大經大本，推動萬物健康有序發展，創造文明的新高度。

總之，君子坦誠，做人做事方面：一要做真實人，不做兩面人、不戴假面具生活；二要開誠佈公，說真話、做真事，不逢場作戲；三要信實可靠，一諾千金、言行一致；四要執着專精，百折不撓，不三心二意、有始無終；五要知錯必改，不掩飾、不推諉，自覺承擔責任。坦誠君子是真人，並不是完人，其性格率真，優缺點皆顯露在外，別人不必揣度捉摸、不必防範戒備，其思想觀點鮮明有個性，卻不自以為完備，願意參與百家爭鳴，共同探討真理。當然，坦誠並不意味着口無遮攔、隨意亂說，而要適時而說、因事而說，凡說必發自內心、有益社會。現代人講隱私權，應予以尊重，不探聽別人隱私，也不到處訴說自己的隱私，以免給他人添亂。

孟子以誠行道

這裏講幾段古人的故事。亞聖孟子是位正直坦誠的大君子，他與諸侯王會見時以誠相言，毫無逢迎之態，有時言辭激切起來，甚至冒犯國君的尊嚴而不顧。

他見梁惠王時，王問他，我治國很盡心了，為什麼別國民眾不願來我梁國呢？孟子坦直地說，打仗時，「棄甲曳兵而走，或百步而後止，或五十步而後止，以五十步笑百步，則何如」？王說「不可」，孟子便說，大王不行仁政，民生不能保證，「狗彘食人食而不知檢，塗有餓殍（餓死者）而不知發」，這不是天災造成的，而是暴政造成的。用暴政殺人，比用木棒與刀子殺人更厲害。

孟子尖銳地指出：「庖有肥肉，廄有肥馬，民有飢色，野有餓殍，此率獸而食人也。獸相食，且人惡之，為民父母，行政不免於率獸而食人，惡在其為民父母也？」孟子一方面不客氣地批評梁惠王不管民生，另一方面真誠地提出「仁者無敵」的治國之方。

孟子見齊宣王時，進一步提出，實行仁政需「制民之產，必使仰足以事父母，俯足以畜妻子，樂歲終身飽，凶年免於死亡」，然後「謹庠序之教，申之以孝弟之義」，這樣才會有安定和諧的社會。

在《孟子．滕文公上》中，他明確提出「民之為道也，有恆產者有恆心，無恆產者無恆心」的著名論斷，這就是早期的「民生主義」，即耕者有其田，後來為孫中山所吸收、創造。

孟子見齊宣王時談論「湯放桀，武王伐紂」時，齊宣王問：「臣弒其君，可乎？」孟子針鋒相對地說：「賊仁者謂之賊，賊義者謂之殘，殘賊之人謂之一夫。聞誅一夫紂也，未聞弒君也。」孟子不承認昏君、暴君是君，只是獨夫民賊，可以征討誅伐之，這種大膽言論在當時只此一家。

齊王召孟子上朝，孟子託疾不去。齊大夫景丑認為這不合乎臣子之禮。孟子義正詞嚴地說：「天下有達尊三：爵一，齒（年歲）一，德一。朝廷莫如爵，鄉黨莫如齒，輔世長民莫如德。惡得有其一，以慢其二哉？故將大有為之君，必有所不召之臣，欲有謀焉，則就之。」孟子居高臨下地對齊王表示不滿。

《孟子．離婁下》論君臣關係時：「孟子告齊宣王曰：『君之視臣如手足，則臣視君如腹心；君之視臣如犬馬，則臣視君如國人；君之視臣如土芥，則臣視君如寇仇。』」他告訴齊宣王，不要把臣當成奴僕，要學會尊重臣下，這樣才能換來忠誠，否則臣有權利與君王敵對。

《孟子．萬章下》記載孟子在齊宣王面前論「貴戚之卿」與「異姓之卿」的對話：

王曰：「請問貴戚之卿。」曰：「君有大過則諫，反覆之而不聽，則易位。」王勃然變乎色。曰：「王勿異也。王問臣，臣不敢不以正對。」王色定，然後請問異姓之卿。曰：「君有過則諫，反覆之而不聽，則去。」

「易位」就是換君王，故齊宣王一聽就臉色大變，好在他不敢治孟子罪，因為孟子是客卿，有很高的聲望，且毫不懼怕威勢。《孟子．盡心下》中孟子提出前所未有的貴民之論：

孟子曰：「民為貴，社稷次之，君為輕。是故得乎丘民而為天子，得乎天子為諸侯，得乎諸侯為大夫。諸侯危社稷，則變置。犧牲既成，粢盛既潔，祭祀以時，然而旱乾水溢，則變置社稷。」

這就是近代民權主義的濫觴。孟子為什麼敢於蔑視權貴而不奉承？在於立志高尚、在於無慾則剛。故此章又記孟子之言：「說大人則藐之，勿視其巍巍然。堂高數仞，榱題數尺，我得志，弗為也。食前方丈，侍妾數百人，我得志，弗為也。般樂飲酒，驅騁田獵，後車千乘，我得志，弗為也。在彼者，皆我所不為也；在我者，皆古之制也，吾何畏彼哉！」所以他說：「養心莫善於寡欲。」孟子有操守，因而有坦誠，處處表現出「富貴不能淫，貧賤不能移，威武不能屈」的大丈夫氣概。

關於孟子，還有兩點內容需要補充。

第一，孟子講的是古聖賢之道，是國家長治久安之策，而當時執政者急於富國強兵，認為其言不切實用，如司馬遷所說：「則見以為迂遠而闊於事情。」孟子的思想在各界經歷了長期的解讀之後，於宋代被提升為經學，其所著《孟子》被列為「四書」之一，對中國社會發生了深刻的積極的影響，至今不衰。

第二，坦誠的孟子也有偏失，主要是闢楊、墨。《孟子．滕文公下》說：「聖王不作，諸侯放恣，處士橫議，楊朱、墨翟之言盈天下。天下之言，不歸楊，則歸墨。楊氏為我，是無君也；墨氏兼愛，是無父也。無父無君，是禽獸也。」他要「距楊墨，放淫辭，邪說者不得作」。孟子以孔子之道捍衛者的姿態，反對「處士橫議」，將楊朱的「為我主義」和墨子的「兼愛之說」上綱上線為「無父無君」，且斥為「禽獸」，是太過分了，缺乏包容的心，會妨礙諸家爭鳴，只有唯我獨尊，會對後世造成很大的負面影響。唐代韓愈借孟子闢楊、墨來闢佛、老（佛教和道家、道教），有違三教合流主潮流，不利於中華文化在開放中創新。

樂毅以坦誠對燕惠王

《史記》中有《樂毅列傳》。樂毅的坦誠與孟子相比，有很大差異，其特色是能夠剛柔相濟，而孟子則有剛缺柔，雖如此，二人卻同為君子。

在歷史上，樂毅與管仲齊名，既是國之棟樑，又是傑出軍事統帥。戰國時燕昭王聘樂毅為亞卿。樂毅率軍並聯合趙、楚、韓、魏以伐齊，破齊後，被封為昌國君。五年中攻下齊國七十餘座城池，當齊只剩下莒與即墨二城，燕昭王死，惠王即位，對樂毅素無好感。齊國田單用反間計成功，燕惠王派將領騎劫代替樂毅領兵，並招樂毅回國，想加害他。

樂毅知惠王不懷好意，怕受迫害，便奔逃到趙國，被封為望諸君。齊國田單趁機用計破騎劫之軍，全部收復了齊國失地。燕惠王後悔，擔心趙國用樂毅伐燕，便派人到樂毅處以情義之名加以責備，虛偽地說，你破齊的功勞我沒有忘記，我派騎劫代替你是「為將軍久暴露於外，故召將軍且休，計事。將軍過聽，以與寡人有隙，遂捐燕歸趙。將軍自為計則可矣，而亦何以報先王之所以遇將軍之意乎」？

惠王是小人，說話言不由衷，不先自責謝罪，反倒打一耙，把責任推到受害者樂毅身上。於是引出名篇《樂毅報燕王書》。樂毅在回燕王書中，首先說明自己逃趙的真實原因：「臣不佞（不才），不能奉承王命，以順左右之心，恐傷先王之明，有害足下之義，故遁逃走趙。」接着說明，昭王拔擢自己，委以重任，令其伐齊，結果大破齊軍，「自五伯（霸）已來，功未有及先王者也」。但後來昭王離世，出現變數，「夫免身立功，以明先王之跡，臣之上計也。離毀辱之誹謗，墮先王之名，臣之所大恐也。臨不測之罪，以幸為利，義之所不敢出也」。意思是，我的出逃，是為了免於誹謗之罪，以保存先王知人善任的好名聲，不僅僅是為了免禍自保，因此我不會忘記先王恩義。最後說：「臣聞古之君子，交絕不出惡聲；忠臣去國，不潔其名。臣雖不佞，數奉教於君子矣。恐侍御者之親左右之說，不察疏遠之行，故敢獻書以聞，唯君王之留意焉。」

樂毅是忠心於燕昭王的，既受命立功，又在自己受冤時用外逃的方式保存了昭王用人得當的英名，而且不忘燕之恩德。即使在受到不公正指責時，仍然本着君子「交絕不出惡聲」之道，以禮貌言語回惠王書，既坦直不欺，又委婉動人。

《史記集解》夏侯玄曰：「觀樂生遺燕惠王書，其殆庶乎知機合道，以禮始終者與！」《樂毅列傳》最後「太史公曰：『始齊之蒯通及主父偃讀樂毅之報燕王書，未嘗不廢書而泣也。』」說明樂毅書以其真誠有禮而感人至深。

陽明後學泰州學派以真誠做人為學

宋明新儒學（又稱「道學」）有三大派：以二程（程顥、程頤）、朱熹為代表的理學；以陸九淵、王守仁（王陽明）為代表的心學；以張載、王夫之為代表的氣學。

理學強調社會道德秩序的客觀性和普遍性，但到明代時為權貴們所曲解，使「理」變成鉗制人性的教條，而且逐漸虛偽化，遂走向自身反面。於是陸王心學興起，強調自我良知是權衡事理的標準，主張知行合一、個性獨立，起到了解放思想的作用。其中陽明後學泰州一派最具破舊立新的勇氣，也最具有真性情，被正統派視為「異端」。

當代思想史學者容肇祖先生著《明代思想史》，引正統派王世貞的評論：「蓋自東越（王陽明）之變為泰州，猶未至大壞；而泰州之變為顏山農（顏鈞），則魚餒肉爛，不可復支」，因為顏山農「每言人之好貪財色，皆自性生，其一時之所為，實天機之發，不可壅閼之」。王世貞言辭刻薄，有意歪曲貶損泰州學者。實則顏氏主張解放久被壓抑的情慾，使之正常，回歸感性自我，彰顯情義，不把偽名教禮儀放在眼裏。

容先生對泰州學派有很高評價：

泰州一派是王守仁派下最切實、最有為、最激勵的一派，何心隱是這派的後起，而亦是最切實、最有為、最激勵中的一人，他抱着極自由極平等的見解，張皇於講學，抱濟世的目的，而以宗族為試驗，破家不顧，而以師友為性命，所謂「其行類俠」者，卒之得罪於地方官，得罪於時宰，亦所不惜。他是不畏死的，遂欲藉一死以成名。他的思想是切實的，所謂「不墮影響」。他以為慾望可以寡而不可以無，可以選擇而不可以廢。欲以張皇講學，聚育英才，以補天下之大空。他的目標太高，而社會的情狀太壞，故此為當道所忌，不免終於以身殉道了。

確實如此！何心隱並不主張縱慾，他反對滅慾，提出「育慾」。何氏說：

昔公劉雖欲貨，然欲與百姓同欲，以篤前烈，以育慾也。太王雖欲色，亦欲與百姓同欲，以基王績，以育慾也。育慾在是，又奚欲哉？仲尼欲明明德於天下，欲治國，欲齊家，欲修身，欲正心，欲誠意，欲致知在格物，七十從心所欲而不逾乎天下之矩，以育慾也。

可知何氏的育慾說是合情又合理的。

另一位泰州學人李贄，直氣勁節，不為人屈，排斥假道學，不拘於俗見，但求適性。容先生的評價是：「李贄的思想，是很自由的，解放的，是個性很強的，並且是適性主義的。」

在那個把孔子偶像化的時代，李贄在《答耿中丞》裏說：「夫天生一人，自有一人之用，不待取給孔子而後足也。若必待取足於孔子，則千古以前無孔子，終不得為人乎？」李贄又在《紀傳總目論》中說：「咸以孔子之是非為是非，固未嘗有是非耳。」他著《童心說》，對後世影響巨大。其《童心說》云：

夫童心者，絕假純真，最初一念之本心也。若失卻童心，便失卻真心；失卻真心，便失卻真人。人而非真，全不復有初矣。

童子者，人之初也；童心者，心之初也。夫心之初曷可失也！然童心胡然而遽失也？蓋方其始也，有聞見從耳目而入，而以為主於其內而童心失。其長也，有道理從聞見而入，而以為主於其內而童心失。其久也，道理聞見日以益多，則所知所覺日以益廣，於是焉又知美名之可好也，而務欲以揚之而童心失。知不美之名可醜也，而務欲以掩之而童心失。夫道理聞見，皆自多讀書識義理而來也。古之聖人，曷嘗不讀書哉！然縱不讀書，童心固自在也。縱多讀書，亦以護此童心而使之勿失焉耳。非若學者反以多讀書識義理而反障之也。夫學者既以多讀書識義理障其童心矣，聖人又何用多著書立言以障學人為耶？童心既障，於是發而為言語，則言語不由衷；見而為政事，則政事無根柢；著而為文辭，則文辭不能達。非內含於章美也，非篤實生輝光也。欲求一句有德之言，卒不可得。所以者何？以童心既障，而以從外入者聞見道理為之心也。

夫既以聞見道理為心矣，則所言者皆聞見道理之言，非童心自出之言也。言雖工，於我何與？豈非以假人言假言，而事假事、文假文乎？蓋其人既假，則無所不假矣。

李贄童心之論源自老子，《道德經》說：「常德不離，復歸於嬰兒」「含德之厚，比於赤子」，赤子嬰兒純樸真實，未受外界各種俗見感染。人隨着知識的增多，往往失卻童真，變得圓滑世故，甚至學會虛偽欺瞞，這是生活中常見的事，因此老子提出人要學習赤子，返璞歸真。

李贄《童心說》之精要在於，不能以後天聞見義理遮蔽人性之真，否則便是「以假人言假言，而事假事、文假文」，人若不真、轉假，則滿場皆假，無法信任。李贄並非主張不讀書識義理，只是要求讀書明理必須能夠「護此童心而使之勿失」。兒童不會說謊，他幼稚卻純真，在這一點上，成年人應以兒童為師、向兒童學習。

社會的虛假現象古已有之，比如政治上欺上瞞下、浮誇吹捧；經濟上假冒偽劣、欺詐偷工；道德上欺世盜名、虛偽標榜；文化上假文浮辭、抄襲逢迎。一種學說、一個集團、一個人物，其沉浮主要不在是否有缺點、有失誤，關鍵在於是否真誠。一旦言行分離，喪失真實性、誠摯性，那麼它旋即失去內在的生命力，也就沒有了感人的力量。所以「誠偽之辨」是君子和小人的重要分界線，可不慎與？

李贄本着做真人、説真話的態度，進而批判各種虛誇不實的説法，提出自己切實近情的觀點。他在《焚書》卷一《答鄧石陽》中説：「穿衣吃飯即是人倫物理，除卻穿衣吃飯無倫理矣。」這是針對着理學家「遠人情以論天理」而發的，他引古典「明於庶物，察於人倫」，説：「於倫物上加明察，則可以達本而識真源」，倫理不離百姓人倫日用，關注民生衣食而為之，才是「仁義之行」，否則便是空話。

他批判理學家修身以去私為要，把公與私決然對立起來是不對的，不符合孔孟本意。他在《藏書．德業儒臣後論》中説：

夫私者，人之心也。人必有私，而後其心乃見。若無私，則無心矣。如服田者，私有秋之獲，而後治田必力。居家者，私積倉之獲，而後治家必力。為學者，私進取之獲，而後舉業之治也必力。故官人而不私以祿，則雖召之必不來矣。苟無高爵，則雖勸之必不至矣。雖有孔子之聖，苟無司寇之任、相事之攝，必不能一日安其身於魯也決矣。此自然之理，必至之符，非可以架空而臆說也。然則為無私之說者，皆畫餅之談、觀場之見，但令隔壁好聽，不管腳根虛實，無益於事，只亂聽耳，不足採也。

這在當時是極大膽的說法，其實是符合情理的。大公無私主要應用在管理者秉公辦事上，不能在私人生活上要求一般的人。在公私關係上應提倡先公後私或大公小私，這是君子可以做到的，對於眾人只能要求不能損人利私。況且為公必須落實到為大多數人之私之上，如重民生必須落實到使每個家庭幸福上，否則「公」就是懸空的。

孔子不否定正當之私，講「富與貴是人之所欲」，不過要得之以道。可見「人皆有私」並無錯誤，只是要加以正確解釋。依今日觀點論，國家制定法律法規，既保護公共利益，也維護個人、家庭、團體的正當權益和私有財產，這便是維護和體現法律尊嚴的表現。由此可知，公與私是統一的，既不能損公肥私，也不宜借公損私。

李贄從做真人、辦實事出發，尖銳抨擊假道學，《覆焦弱侯》有言：「又有一等，本為富貴，而外矯詞以為不願，實欲託此以為榮身之梯，又兼採道德仁義之事以自蓋。此其人身心俱勞，無足言者。」「今之學者，官重於名，名重於學。以學起名，以名起官，循環相生，而卒歸於官。使學不足以起名，名不足以起官，則視棄名如敝帚矣。」在《又與焦弱侯》中又說：「今之講周（周敦頤）、程（程顥、程頤）、張（張載）、朱（朱熹）者，可誅也。彼以為周、程、張、朱者，皆口談道德而心存高官，志在巨富。既已得高官巨富矣，仍講道德、說仁義自若也。又從而嘵嘵然語人曰：『我欲厲俗而風世。』彼謂敗俗傷世者，莫甚於講周、程、張、朱者也。是以益不信，不信故不講。」後世罵假道學為「滿口仁義道德，一肚子男盜女娼」，實由李贄興起。

有沒有真道學呢？有，《初潭集》說：「自然之性，乃自然真道學也，豈講學者所能學乎？」李贄還主張三教平等和男女平等，《三教品》中說過「天下無二道，聖賢無兩心」，《答以女人學道為見短書》又說：「謂人有男女則可，謂見（見識）有男女豈可乎？謂見有長短則可，謂男子之見盡長，女人之見盡短，又豈可乎？」這些振聾發聵、超越時代之言，若非坦誠君子能如此嘹亮出口而驚世乎！誠難得也。

《聊齋志異》中席方平的精誠執着

蒲松齡《聊齋志異》中有一篇《席方平》，雖是文學故事，卻在情理上表現了人間的善惡之爭，歌頌了作者心中真君子的剛直執着、鞭撻了當時官場的黑暗殘暴，說明「精誠所至，金石為開」的道理，很有警世意義。

故事說，席方平之父席廉得罪里中富戶羊某，羊某先死，數年後席廉病重垂危，對家人說，羊某在陰間賄賂官吏拷打他。於是全身赤腫，呼號而死。席方平是大孝子，不甘心其父「見淩於強鬼」，決心「赴地下，代伸冤氣」，於是不食不言，似呆癡，實則靈魂出竅，到陰間去了。他打聽並進入城邑，在獄中見到父親，其狀慘烈，並訴說「獄吏悉受賕囑，日夜搒掠，脛股摧殘甚矣」。

席方平怒，揮筆寫成狀子，到城隍衙門喊冤投訴。城隍衙門由於接受了羊某的賄賂，說席告無據，不予受理。席方平憤而行百里，到郡司告狀。郡司拖延半月後才許見，不由分說，給席方平打板子，並把狀子批回城隍重審。

城隍把席方平監禁起來，又派衙役將他押送回家。待役離開後，席方平又跑到冥王府告狀，「訴郡邑之酷貪」，冥王找兩方對質。此時城隍與郡司派心腹暗中與席方平做交易，以千金要席撤訴，而席不聽。

店家對席方平說，官府求和，你卻不從，聽說他們都有密信送來冥王府，你的事怕麻煩了。接着冥王升堂，「冥王有怒色，不容置詞，命笞二十。席方平厲聲問：『小人何罪？』冥王漠若不聞。席受笞，喊曰：『受笞允當，誰教我無錢耶！』」諷刺冥王受賄而冤己。冥王更怒，命兩鬼揪席坐火牀，「骨肉焦黑，苦不得死」。冥王問席方平：「敢再訟乎？」「席曰：『大冤未伸，寸心不死，若言不訟，是欺王也。必訟！』」「冥王又怒，命以鋸解其體。」

在鋸齒由頂向下拉到胸時，「聞一鬼云：『此人大孝無辜，鋸令稍偏，勿損其心』」。席方平被鋸開，後又合上。「一鬼於腰間出絲帶一條授之，曰：『贈此以報汝孝。』受而束之，一身頓健，殊無少苦」。席方平見狀知此處不能申冤，假稱不再訴訟，冥王命送還陽界。「席念陰曹之暗昧尤甚於陽間」，想到有灌口二郎神，「聰明正直，訴之當有靈異」，轉身而走，卻被二隸發現押回冥王府。

冥王告訴席方平，你父之冤已伸，已往生富貴之家，我把你送回，給你「千金之產，期頤（百歲）之壽」，冥王用假言和富壽來打動席方平，避免他再四處告狀。二鬼押席方平至一人家，趁其不備，將其推入門中，「驚定自視，身已生為嬰兒」，卻初心不泯，不乳三日而死。其魂終於遇到二郎神，二郎神用檻車將冥王、郡司、城隍押來當堂對質，「席所言皆不妄。三官戰栗，狀若伏鼠」。

二郎神在判詞中，嚴厲責備冥王「羊狠狼貪，竟玷人臣之節；斧敲斫，斫入木，婦子之皮骨皆空；鯨吞魚，魚食蝦，螻蟻之微生可憫」，當作法自斃。而城隍、郡司「受贓而枉法，真人面而獸心」，讓其託生為畜生。其餘隸役與羊某皆受處罰。二郎神「又謂席廉：『念汝子孝義，汝性良懦，可再賜陽壽三紀（三十六年）』」。後來席家過上了富足康壽的生活。

蒲松齡在此篇後「異史氏曰」中讚歎説：「忠孝志定，萬劫不移。異哉席生，何其偉也！」席生的故事感人至深。他為父申冤，赴湯蹈火，在所不辭，受盡磨難而不改其志，酷刑利誘皆無動於衷。其精誠不僅令冥間貪腐官吏擔憂，甚至感動了有良知的鬼吏，並暗中提供幫助，終於使正義得到伸張，惡人遭到報應。

這個故事告訴世人，坦誠的君子要有「咬定青山不放鬆」「千磨萬擊還堅勁」（鄭板橋詩句）般堅持到底的精神，如此，才能克服人生種種磨難挫折，實現自己向善求義的價值追求。至於所定目標能否實現，除了主觀努力，還要有必要的客觀條件，人們只能「盡人事以聽天命（客觀效果）」而已。故事中的結果，只是作者理想的寄託，在清代帝制社會，制度性黑暗是無法消除的，但君子不能苟且偷生，要為理想而奮鬥終生。

馮友蘭的自我反省

坦誠君子還有一個如何對待自身過失的問題。

俗話說，人非聖賢，孰能無過？曾子強調要「吾日三省吾身」，子貢則說：「君子之過也，如日月之食焉，過也人皆見之，更也人皆仰之」，君子知錯必改。子夏曰：「小人之過也必文。」就是說，小人才會文過飾非。

我舉當代哲學家馮友蘭先生為例，看他如何對待自己的過錯。

1947 年他去美國訪學，隨着解放軍的節節勝利，馮先生急切想回國。有朋友勸他長期居留美國，他的回答是：「俄國革命以後，有些俄國人跑到中國居留，稱為『白俄』。我決不當『白華』。解放軍越是勝利，我越是要趕快回去，怕的是全中國解放了，中美交通斷絕。」

他在美國講學時，常想王粲《登樓賦》裏兩句話：「雖信美而非吾土兮，曾何足以少留！」他只能在祖國這片土地上安身立命。他離開美國時，把永久居留簽證交給美國海關，不給自己留後路。回國後，蔣介石敗退台灣，派飛機接一批教授去台，包括馮友蘭，而被他拒絕，決然留在大陸。

中華人民共和國成立後，馮先生主動用哲學為新社會服務，根據自己對馬克思主義和社會主義的理解，寫文章，提建議，1957 年差一點被劃成「右派」。但他並不畏懼，1958 年他寫了一篇《樹立一個對立面》，提出自己務實的主張，又受批判。在「文化大革命」中，馮先生被打成「資產階級反動權威」，捱批鬥，被抄家，住牛棚，幹粗活。後被恢復自由。

1973 年開展「批林批孔」運動時，馮先生已經七十八歲，他擔心會因「尊孔」罪名再次住牛棚，變成眾矢之的，「後來又想，我何必一定要站在群眾對立面呢。要相信黨，相信群眾嘛。」於是他寫了兩篇批孔批尊孔的文章。但馮先生是君子，有良知，他一直為此事不安於心。

在「文革」結束、改革開放之初，他寫下《三松堂自序》，及時思過，自責說，當時「我不知道，這是走群眾路線，還是譁眾取寵。這中間必定有個界限，但當時我分不清楚。照我現在的理解，這個界限就是誠偽之分。《周易．乾卦．文言》說：『修辭立其誠』」。「照上面所說的，我在當時的思想，真是毫無實事求是之意，而有譁眾取寵之心，不是立其誠而是立其偽。」

馮先生一生以文化教育救國，創建新理學以復興中華學術文化，中華人民共和國成立後又孜孜不倦培養了幾代中國哲學人才，以坦誠精誠之心寫書為文。但他還是不肯原諒自己，而是自我解剖，以誠批判偽，自責很重。這正是馮先生誠心猶在的表現。他的檢討是觸及靈魂的。此後所寫書文，不再依傍別人，只寫自己想通的東西，堅決地找回自我。

他在《中國哲學史新編》第七冊自序中，記入他為夫人任載坤 1977 年去世時寫下的輓聯：「同榮辱，共安危，出入相扶持，碧落黃泉君先去；斬名關，破利索，俯仰無愧怍，海闊天空我自飛。」馮先生不是聖人，是一位有着真實生命、真誠追求事業的人，是一位有大成就也有過失、有歡樂也有痛苦、有智慧也有困惑的君子式的大學者，他是值得我們學習和尊敬的人。

六講　有擔當，盡人之責

君子立志遠大，有強烈的社會責任心和歷史使命感，勇於承擔重任，不願意碌碌無為，也不屑於在個人小圈子裏打轉，而要在為國、為民、為天下的事業中實現人生的價值。

孔子把「修己以安人」「修己以安百姓」作為社會理想追求，同時又賦予它以神聖的意義。《論語．子罕》篇記載：「子畏於匡。曰：『文王既沒，文不在茲乎？天之將喪斯文也，後死者不得與於斯文也；天之未喪斯文也，匡人其如予何？』」孔子在匡地受到圍困，向弟子表示自信，說周文王之後，堯舜之道就體現在我身上了，上天如果要把聖人之道傳下去，匡人不能把我怎麼樣，我肩負着天命，故不畏懼。

孟子也是以天下為己任，說：「夫天，未欲平治天下也；如欲平治天下，當今之世，舍我其誰也？」孟子非但不把平治天下的責任推給別人，還認為自己要承擔最主要的責任，因為它是天命所賦予的，所以能表現出「舍我其誰」的大丈夫氣概。在孔子、孟子心中，「天命」不是有意志的上帝，而是指向道德之天，表達了文化人的歷史使命。

孟子認為要承擔起這種救世的重任，此人必須在憂患中反覆磨煉，樹立起弘毅性格。他舉古代聖賢事例，大舜是在田野中成長起來的，傳說（商代賢人）是從建築苦役中被提拔的，膠鬲（商紂之臣）是從魚鹽商販中被發現的，管仲是從牢獄中被放出來的，孫叔敖是從隱居的海邊被請回來的，百里奚是從市場中被舉薦出來的，所以「天將降大任於是人也，必先苦其心志，勞其筋骨，餓其體膚，空乏其身，行拂亂其所為，所以動心忍性，曾益其所不能」。君子一要敢於擔當，二要能夠擔當，這就要經受艱苦的磨煉和考驗。我們今天講挫折教育，其意與孟子是相通的。

《大學》一書，把士君子的擔當歸納為修身、齊家、治國、平天下，後來「修齊治平」便成為中國士人的人生座右銘。

《周易．乾卦．文言》曰：「天行健，君子以自強不息。」要求君子不甘於落後，要有上進心、事業心、大作為，能體現大自然賦予人的頑強生命力。

《易傳．繫辭下》說：

> 《易》之興也，其於中古乎？作《易》者，其有憂患乎？
>
> 《易》之興也，其當殷之末世，周之盛德邪？當文王與紂之事邪？是故，其辭危。危者使平，易者使傾。其道甚大，百物不廢，懼以終始，其要無咎，此之謂《易》之道也。

它指出，殷紂王暴虐而天下危亡，周文王修德而人心歸向，殷鑒不遠，人們應當具有憂患意識，以紂為戒，故有《周易》之作，目的是指導國家總結經驗，吸取教訓，由亂而治。此後，憂患意識便成為中國士君子的深層意識，不僅在亂世要治亂興邦，就是在治世也要居安思危，以免大意致禍。故孟子說：「入則無法家拂士（輔佐之士），出則無敵國外患者，國恆亡。然後知生於憂患，而死於安樂也。」

孟子認為，國君要與民同樂憂，「樂民之樂者，民亦樂其樂；憂民之憂者，民亦憂其憂。樂以天下，憂以天下，然而不王者，未之有也」。與民同樂同憂就是曾子所說的「仁以為己任」，它是士君子應當努力去做的。

司馬遷「究天人之際，通古今之變」的歷史擔當

下面講講司馬遷的故事。

司馬遷所作《史記》，是我國第一部紀傳體通史，寫了自黃帝以來到漢武帝約三千年的歷史，梳理了中華文明的源流。司馬遷依文獻資料和口頭傳說為據，加上他讀萬卷書、行萬里路的實地考察，以其高瞻遠矚的眼光把歷史寫成治國理政的明鑒，以其文學素養把歷史人物事跡寫成活生生的故事，引人入勝。他用生命鑄成了中國史學史上的豐碑。

司馬遷繼承其父司馬談為太史令，其為人耿直又明察。所寫《孝武本紀》，對於漢武帝迷信方士、欲求長生之愚知愚行，照實書寫，毫無頌揚奉承之詞，這不能不得罪漢武帝。例如，武帝迷信李少君卻老長生之方，李少君病死，「天子以為化去不死也」，影響所至，「海上燕齊怪迂之方士多相效，更言神事矣」。還有齊人少翁以鬼神方見上，「拜少翁為文成將軍，賞賜甚多」，後來少翁作帛書飼牛，妄言牛腹有奇，殺牛果得書，「天子疑之」，驗證手跡，果是偽書，「於是誅文成將軍而隱之」。又信欒大，欒大妄稱在海上見到安期、羨門等仙人，有不死之藥方，遂得到武帝寵愛，「乃拜

大為五利將軍」，封「樂通侯」「以衛長公主妻之」「賜列侯甲第，僮千人」。齊人公孫卿言：「黃帝採首山銅，鑄鼎於荊山下。鼎既成，有龍垂鬍髯，下迎黃帝。黃帝上騎，群臣後宮從上龍七十餘人，龍乃上去。」「於是天子曰：『嗟乎！吾誠得如黃帝，吾視去妻子如脫躧耳。』」

漢武帝如此迷戀方士方術，雖無驗而不悟，司馬遷字裏行間是持批評態度的。武帝當然不悅，遂藉李陵投降匈奴、司馬遷為之辯護事件，判司馬遷有罪，處以宮刑，加以懲罰。司馬遷之所以忍辱不自殺，在於《史記》未完成，重任在身，必須有始有終。

司馬遷在《太史公自序》中說：

七年（天漢三年），而太史公遭李陵之禍，幽於縲絏。乃喟然而歎曰：「是余之罪也夫！是余之罪也夫！身毀不用矣！」退而深惟曰：「夫《詩》《書》隱約者（意隱微而言約），欲遂其志之思也。昔西伯拘羑里，演《周易》；孔子戹（厄）陳蔡，作《春秋》；屈原放逐，著《離騷》；左丘失明，厥有《國語》；孫子臏腳，而論《兵法》；不韋遷蜀，世傳《呂覽》；韓非囚秦，《說難》《孤憤》；《詩》三百篇，大抵賢聖發憤之所為作也。此人皆意有所鬱結，不得通其道也，故述往事，思來者。」

司馬遷列舉前賢經憂患而發憤述作，遂有名典傳後世；他遭遇宮刑之辱，恰好促使他把生命的體驗寫進《史記》一書，以完成述往知來的治史擔當。

司馬遷在《報任安書》中歷述他在李陵一案中的冤屈，當初是鑒於李陵連戰匈奴有功，後雖戰敗被俘，應不會背漢。在武帝詢問時，他坦言：「以為李陵素與士大夫絕甘分少，能得人之死力，雖古之名將不能過也。身雖陷敗，彼觀其意，且欲得其當而報於漢。」

司馬遷只是一種推測和諮詢，結果遭禍，「李陵既生降，頹其家聲，而僕又茸（推）以蠶室（宮刑之所），重為天下觀笑」。接着又說：

> 假令僕伏法受誅，若九牛亡一毛，與螻蟻何以異？而世俗又不與死節者比，特以為智窮罪極，不能自免，卒就死耳。何也？素所自樹立使然。人固有一死，死有重於泰山，或輕於鴻毛，用之所趨異也。太上不辱先，其次不辱身……所以隱忍苟活，函糞土之中而不辭者，恨私心有所不盡，鄙沒世而文采不表於後也……僕竊不遜，近自託於無能之辭，網羅天下放失舊聞，考之行事，稽其成敗興壞之理……凡百三十篇，亦欲以究天人之際，通古今之變，成一家之言。草創未就，適會此禍，惜其不成，是以就極刑

而無慍色。僕誠已著此書，藏之名山，傳之其人，通邑大都，則僕償前辱之責，雖萬被戮，豈有悔哉！

他最後說：「要之死日，然後是非乃定。」《報任安書》中最重要的一段話就是：「欲以究天人之際，通古今之變，成一家之言」，這是司馬遷受刑後堅持寫書的大擔當。他寫《史記》有遠大的目標，探究自然與社會的關係、揭示古代演變至今的規律、成就自家的史學理論體系。

司馬遷是中國最偉大的史學家之一，他寫歷史兼顧天人之間的相與互動，考察古今交替的經驗教訓，由史出論、以論帶史，其間貫穿着史家對社會、對家國的高度關懷和深沉責任，形成中國史學的優良傳統。史學家應當向司馬遷學習，恢復史學優良傳統，擔當起以史為鑒的社會責任。

我們回頭再看《史記》，它對中國歷史文化的貢獻太多太大了。僅舉兩例。

其一，司馬遷起手便寫《五帝本紀》，運用文獻與傳說資料，揭示中華民族文明的起源，以黃帝、顓頊、帝嚳、唐堯、虞舜為中華民族共同體的人文初祖。我們今人祖源認同的主流意識蓋由《史記》才明晰起來的。炎帝與神農氏合一，歸為「三皇」（「三皇」

有二說：一為燧人氏、伏羲氏、神農氏；二為伏羲氏、神農氏、黃帝），屬於神話時代，從黃帝起屬於傳說時代（歷史的真實質素更多），故司馬遷從黃帝寫起。「軒轅（黃帝之名）之時，神農氏世衰」，黃帝「修德振兵，治五氣（調理五行之氣），藝五種（種植黍、稷、菽、麥、稻），撫萬民，度四方」，「與蚩尤戰於涿鹿之野，遂擒殺蚩尤。而諸侯咸尊軒轅為天子，代神農氏，是為黃帝」，「順天地之紀，幽明之占，死生之說，存亡之難。時播百穀草木，淳化鳥獸蟲蛾，旁羅日月星辰水波土石金玉，勞勤心力耳目，節用水火材物。有土德之瑞，故號黃帝」。黃帝的功勛是平息戰亂，修德撫民，發展農業，勤勞節儉。黃帝之後有顓頊，「養材以任地，載時以象天，依鬼神以制義，治氣以教化，潔誠以祭祀」。顓頊的事功在建立鬼神祭祀制度。顓頊之後有帝嚳，「順天之義，知民之急。仁而威，惠而信，修身而天下服。取地之財而節用之，撫教萬民而利誨之，曆日月而迎送之，明鬼神而敬事之」「帝嚳溉（既）執中而遍天下，日月所照，風雨所至，莫不從服」。帝嚳首次明確「執中」之義。帝嚳之後是唐堯，他「能明馴（訓）德，以親九族。九族既睦，便（平）章百姓。百姓昭明，合和萬國」，「乃命羲、和，敬順昊天，數法日月星辰，敬授民時」，「於是帝堯老，命舜攝行天子之政，以觀天命。舜乃在璿璣玉衡（渾天儀），以齊七政（四季、天文地理人道）。遂類於上帝（祭天），禋於六宗（祭日月風雨雷電），望（祭之名）於山川，辯（遍）於群神」。大舜是大堯禪讓得位，他幼年困苦，「舜耕歷山，漁雷澤，陶（製瓦）河濱，作什器於壽丘，就時於負夏。舜父瞽叟頑，母（後母）嚚，弟象傲，皆欲殺舜。舜順適不失子道，兄弟孝慈」。及其為政，「舜舉八愷，使主后土，以揆百事。莫不時序。舉八元，使佈五教於四方。父義、母慈、兄友、弟恭、子孝，內平外成」，「此二十二人咸成厥功：皋陶為大理，平，民各伏其得實；伯夷主禮，上下咸讓；垂主工師，百工致功；益主虞，山澤闢（開）；棄主稷，百穀時茂；契主司徒，百姓親和；龍主賓客，遠人至；十二牧行而九州莫敢辟違；唯禹之功為大，披九山，通九澤，決九河，定九州，各以其職來貢，不失厥宜。方五千里，至於荒服。南撫交趾、北發，西戎、析枝、渠廋、氐、羌，北山戎、發、息慎，東長、鳥夷，四海之內咸戴帝舜之功。於是禹乃興《九招》之樂，致異物，鳳皇來翔。天下明德皆自虞帝始」。

總之，自黃帝起，歷經五帝，皆仁德、重民、勤勞、厚生、先農、敬祀、中和、忠孝、任賢、柔遠，形成優良深厚的文明傳統，而其中虞舜與大禹初建了國家治理體制，直接惠及夏、商、周三代。這就把中華文明源頭基本上說清楚了，這是《史記》的功勞。當然，其中仍保有神話成分。司馬遷面對五帝傳說紛紜、記載雜異，寫作有很大難度。

《五帝本紀》後「太史公曰：『學者多稱五帝，尚矣（已很久遠了）。然《尚書》獨載堯以來；而百家言黃帝，其文不雅馴（不典雅），薦（縉）紳先生難言之』」，他舉出《五帝德》《帝系姓》，儒者或不傳，於是他「西至空桐，北過涿鹿，東漸於海，南浮江淮」，聽各地長老言黃帝、堯、舜，知古書所記皆不虛，卻又典籍殘缺，「非好學深思，心知其意，固難為淺見寡聞道也。余並論次，擇其言尤雅者，故著為本紀書首」。可知從傳說和零散文獻中將真實歷史顯現出來，須有實地考察相印證，更須有好學深思之士，心知其意，才能整理成正史，凸顯其正面價值，成為中國歷史的開篇，惠及子孫萬代。司馬遷《史記》的偉大，一般史書曷可企及！

其二，司馬遷寫《孔子世家》，將無侯伯之位的孔子列為世家，並有至上評價，足見其膽識過人，深知孔子在中華文明中的崇高地位。《孔子世家》寫孔子一生歷程，其中寫魯定公十年齊魯夾谷之會十分生動：

> 孔子攝相事，曰：「臣聞有文事者必有武備，有武事者必有文備。古者諸侯出疆，必具官以從。請具左右司馬。」定公曰：「諾。」具左右司馬。會齊侯夾谷，為壇位，土階三等，以會遇之禮相見，揖讓而登。獻酬之禮畢，齊有司趨而進曰：「請奏四方之樂。」

景公曰：「諾。」於是旍旄羽袚矛戟劍撥鼓噪而至。孔子趨而進，歷階而登，不盡一等，舉袂而言曰：「吾兩君為好會，夷狄之樂何為於此！請命有司。」有司卻之，不去，則左右視晏子與景公。景公心怍，麾而去之。有頃，齊有司趨而進曰：「請奏宮中之樂。」景公曰：「諾。」優倡侏儒為戲而前。孔子趨而進，歷階而登，不盡一等，曰：「匹夫而營惑諸侯者罪當誅！請命有司。」有司加法焉，手足異處。景公懼而動，知義不若，歸而大恐，告其群臣曰：「魯以君子之道輔其君，而子獨以夷狄之道教寡人，使得罪於魯君，為之奈何？」有司進對曰：「君子有過則謝以質，小人有過則謝以文。君若悼之，則謝以質。」於是齊侯乃歸所侵魯之鄆、汶陽、龜陰之田以謝過。

此段描述，彰顯孔子在魯攝相事，魯君與齊君相會，魯遭齊威脅與侮辱時，表現維護國家尊嚴的大擔當，威武不屈，正氣逼人，使齊侯怯而退讓，主動歸還所侵魯國之田。這精彩的一幕已經定格在歷史的舞台上。

《孔子世家》記孔子適宋，與弟子習禮大樹下。「宋司馬桓魋欲殺孔子，拔其樹。孔子去。弟子曰：『可以速矣。』孔子曰：『天生德於予，桓魋其如予何！』」孔子以替天行德為己任，故不懼。

作《孔子世家》最後，記孔子刪述五經，傳《書傳》《禮記》、刪《詩經》、序《易傳》、作《春秋》，其孫子思作《中庸》。此後五經世代傳承。最為精彩的篇章在司馬遷對孔子的評價：

太史公曰：「《詩》有之：『高山仰止，景行行止。雖不能至，然心鄉（嚮）往之。』余讀孔氏書，想見其為人。適魯，觀仲尼廟堂車服禮器，諸生以時習禮其家，余祗回留之不能去云云。天下君王至於賢人眾矣，當時則榮，沒則已焉。孔子布衣，傳十餘世，學者宗之。自天子王侯，中國言六藝者折中於夫子，可謂至聖矣。」

司馬遷敬孔子為「至聖」，可謂定評。孔子是中華民族的精神導師，他所刪述的《五經》和留下的《論語》，確立了中華民族重德的精神方向，滋養着世代子孫向上向善。後世稱孔子為「大成至聖先師」。「大成」是孟子的評價語，「自有生民以來，未有孔子也」「聖之時者也，孔子之謂集大成」，即孔子集五帝三代之大成。「至聖」則首由司馬遷提出，這「至聖」是指智慧最高的聖哲。合起來便是「大成至聖」。

在歷史上，孔子有時被抬為神，如漢代讖緯經學所為；有時被封為王，如唐代封其為文宣王，但都不能長久。因為孔子既不是神，也從未成為政治領袖，他卻是最早的老師，本質上是思想家、教育家，故最後定格在先師上，人們稱其為「萬世師表」。先有孟子，後有司馬遷，揭示了孔子的偉大在於仁禮之學的人本主義，為中華民族提供了核心價值。

司馬遷通過究天人之際、通古今之變，而明黃帝為中華文明之祖、尊孔子為中華民族之師，所成的一家之言逐漸擴展為整個中華民族的主流信仰，《史記》的特殊貢獻就在這裏。

范仲淹「先天下之憂而憂，後天下之樂而樂」

下面講范仲淹。

范仲淹是宋代著名賢臣，《宋史》有其列傳。傳載：

仲淹泛通六經，長於《易》，學者多從質問，為執經講解，亡所倦。嘗推其奉以食四方遊士，諸子至易衣而出，仲淹晏如也。每感激論天下事，奮不顧身，一時士大夫矯厲尚風節，自仲淹倡之。

范仲淹通經講經又以身行之，把俸祿用來接濟四方遊士，以至於兒子們外出只能輪換穿一件像樣的衣服。關切天下大事，不顧個人安身，使士大夫尚節操形成風氣。由於經常為民請命，受到小人讒言攻擊，屢屢遭貶，被放逐。

他在參知政事任上，上書言十事，「一曰明黜陟」「二曰抑僥倖」「三曰精貢舉」「四曰擇長官」「五曰均公田」「六曰厚農桑」「七曰修武備」「八曰推恩信」「九曰重命令」「十曰減徭役」。

《宋史》說：

> 仲淹以天下為己任，裁削倖濫，考覆官吏，日夜謀慮與致太平……仲淹內剛外和，性至孝，以母在時方貧，其後雖貴，非賓客不重肉。妻子衣食，僅能自充。而好施予，置義莊里中，以贍族人。泛愛樂善，士多出其門下，雖里巷之人，皆能道其名字。死之日，四方聞者，皆為歎息。為政尚忠厚，所至有恩。邠、慶二州之民與屬羌，皆畫像立生祠事之。及其卒也，羌酋數百人，哭之如父，齋三日而去……論曰：自古一代帝王之興，必有一代名世之臣，宋有仲淹諸賢，無愧乎此……考其當朝，雖不能久，然先憂後樂之志，海內固已信其有弘毅之器，足任斯責，使究其所欲為，豈讓古人哉！

最能體現范仲淹以天下為己任之情懷的，當屬其名作《嶽陽樓記》。當時北宋內憂外患，以范仲淹為首的進步士大夫進行改革，即「慶曆新政」，卻因遭到保守派的強烈反對而失敗。范仲淹又得罪宰相呂夷簡，被貶放河南鄧州。范仲淹於此寫出《嶽陽樓記》，藉洞庭景物的描寫，抒發憂國憂民之情。此記是傳世名篇，故全文錄載如下：

慶曆（宋仁宗年號）四年春，滕子京謫守巴陵郡（湖南嶽州，治所在嶽陽）。越明年，政通人和，百廢具興。乃重修嶽陽樓，增其舊制，刻唐賢今人詩賦於其上。屬予作文以記之。

予觀夫巴陵勝狀，在洞庭一湖。銜遠山，吞長江，浩浩湯湯（浩蕩），橫無際涯（寬廣無邊）；朝暉夕陰，氣象萬千。此則嶽陽樓之大觀也，前人之述備矣。然則北通巫峽，南極瀟湘，遷客（謫遷之人）騷人（詩人），多會於此，覽物之情，得無異乎？（能不有不同的觀感嗎？）

若夫淫雨霏霏，連月不開，陰風怒號，濁浪排空；日星隱曜，山嶽潛形；商旅不行，檣傾楫摧（桅杆傾倒，船槳折斷）；薄暮冥冥（傍晚天色昏暗），虎嘯猿啼。登斯樓也，則有去國（離開國都）懷鄉，憂讒畏譏（擔憂讒言，畏懼嘲諷），滿目蕭然，感極而悲者矣。

至若春和景明（春天暖和，陽光明媚），波瀾不驚，上下天光（天光湖色一體），一碧（一湖碧水）萬頃；沙鷗翔集，錦鱗（魚）游泳；岸芷汀蘭（岸邊香草，小洲蘭花），鬱鬱青青。而或長煙一空（一片煙霧消散），皓月千里，浮光耀金（水波閃耀金色），靜影沉璧（平靜時水中月亮如沉下的璧玉），漁歌互答，此樂何極！登斯樓也，則有心曠神怡，寵辱皆忘，把酒臨風，其喜洋洋者矣。

嗟夫！予嘗求古仁人之心，或異二者之為。何哉？不以物喜（不因有利而高興），不以己悲（不因己損而悲傷）；居廟堂（朝廷）之高則憂其民，處江湖之遠（偏遠地帶）則憂其君（實指國家政權）。是進亦憂，退亦憂。然則何時而樂耶？其必曰：先天下之憂而憂，後天下之樂而樂乎。噫！微斯人，吾誰與歸！（唉！如果沒有古仁人，我同誰一起回歸人生的理想呢！）時六年九月十五日。

此記首先讚美了洞庭湖大好風光，接着指出其陰雨連綿之時易引起人們感傷憤屈之心，其風和日麗之時又易觸發人們興高采烈之情，但這都是個人的情緒起伏。由此想到古代仁人不是這樣，其憂樂全繫於家國民眾，是先於別人而憂慮天下遇到的危難，又是後於別人而享受天下獲得的快樂，這才是仁人君子的擔當啊！此後「先天下之憂而憂，後天下之樂而樂」成為士君子內心嚮往的人格境界。

張載的「橫渠四句」

北宋大儒張載，號橫渠，曾提出著名的「橫渠四句」：「為天地立心，為生民立命，為往聖繼絕學，為萬世開太平。」賦予士君子以空前偉大的使命，其大仁大義的抱負涵蓋了天人宇宙和古往今來，一直鼓舞着歷代有為士人奮力向前，至今仍是人們傳頌不絕的至理名言。

「為天地立心」，是一種生態保護擔當。天地本無心，以人為心；人是大自然進化出來的最有靈性的生命，他有智慧、有德性、有責任，也能夠愛護生他養他的地球母親和更廣闊的宇宙，使大自然健康運行，讓環境日益美麗、資源得到有效保護。自然生態若是繼續惡化，人類將面臨生存終止的危險。

「為生民立命」，是一種安民益民擔當。「民吾同胞」，且處於窮困之中，士君子要有惻隱之心，替民眾着想，能夠使民眾過上幸福的生活，而不能只顧滿足自己富貴的慾望。

「為往聖繼絕學」，是一種文化傳承擔當。堯舜孔孟之道乃是中華文明的血脈和基因，不能斷裂，學者有責任加以繼承和闡揚，使其真精神不斷融合到現實生活中，常駐常新；如果聖人之學斷絕，則國將不國，民族就沒有了精神方向。

「為萬世開太平」，是一種人類命運擔當。天下一家，榮辱與共，相爭則俱損，互助則俱益。太平世界是中華民族追求的最高社會理想，也就是天下為公的大同世界。相互廝殺是人性墮落的表現、是文明人向野蠻人倒退，戰爭災難使社會遭到破壞、人民大眾深受其苦，生死掙扎、妻離子散、城池為墟、一片淒涼，所以要和平不要戰爭、要安樂不要動盪、要和諧不要爭鬥。

張載的「橫渠四句」已經並且將繼續成為一面思想旗幟，飄揚在神州的上空。

黃宗羲、顧炎武「以天下為己任」

明清之際是中國社會大變動時代，一些有責任、有膽識的學人出來總結既往、探索未來、創立新說，湧現出了三大思想家：黃宗羲、顧炎武、王夫之。

黃宗羲著有《宋元學案》《明儒學案》，除此，影響最大的是《明夷待訪錄》。有人認為，中國的現代化進程是西方新文化輸入後才啟動的，中國傳統文化自身不能生長出現代思想。這是錯誤的。明代工商發達，資本主義在萌芽、成長，思想文化也隨之出現新質，黃宗羲的作品便是代表，只是清代把這種萌芽給扼殺了。

《明夷待訪錄》一書是超時代的，它開啟了中國現代化的序幕。《周易》有「明夷」一卦，明是光明，夷是傷害，卦辭講殷周之際紂王之昏和箕子外柔順而內文明，以待時機。黃氏以「明夷待訪」為書名的苦心，如他在《題辭》中所說：「吾雖老矣，如箕子之見訪，或庶幾焉。豈因『夷之初旦，明而未融』，遂祕其言也？」殷紂王昏聵，但有忠臣三人：微子、比干和箕子，微子出走，比干死節，箕子內方外圓以存明理。黃氏之意是，自己要學「殷之三仁」之一的箕子，守正道而希冀君王悔悟，所以提出革新主張，以待有識之君來訪。

《明夷待訪錄》之《原君》篇，尖銳地批判君主專制，指出皇帝把天下當成私產，「傳之子孫，受享無窮」，造成無數災難，「屠毒天下之肝腦，離散天下之子女，以博我一人之產業」，「敲剝天下之骨髓，離散天下之子女，以奉我一人之淫樂」，「然則為天下之大害者，君而已矣」，「天下之人怨惡其君，視之如寇仇，名之為獨夫，固其所也」。黃氏的批判不是專對昏君又冀望於明君，而是矛頭直指家天下的君主專制制度，他已經站在這一制度之外、之上，具有更換君主制、實現民主主義的現代色彩，雖然他尚未直接提出推翻君主制。

《原臣》說：「我之出而仕也，為天下，非為君也；為萬民，非為一姓也。」天下治亂，「不在一姓之興亡，而在萬民之憂樂」。官員要為社會大眾服務，不能只為君王一人效力，因此改朝換代只改皇姓不改制度便無濟於事。

《原法》指出：「三代以上有法，三代以下無法。」三代以下「其所謂法者，一家之法而非天下之法也」，「法愈密，而天下之亂即生於法之中」，應當有「公天下」之法，「有治法而後有治人」。他深刻地揭示了以往的法是為君主服務的，是君主手中的工具，必然生亂，因此先要去家天下，才能立公法，避免只有人治而無法治。他還提出一系列社會改革方案，如設置宰相掌握政務以分疏君權，建立學校（類似後來西方議會）議政以制約中央，實行計口授田以解除民困，用獎勵「絕學」（科技）來取代舊式科舉，發展工商以促進民富，實行徵兵以充實軍備。馮友蘭在《中國哲學史新編》第六十章中說：「黃宗羲所設計的政治制度有三大支柱，一個是君，一個是相，一個是學校。這是現代西方資產階級政治中的君主立憲制的一個雛形。」由此可知，黃宗羲的擔當，在時代性上超出張載，在戊戌變法前二百多年就為中國邁入現代工商社會和實行開明君主制提供了政治設計方案。

顧炎武的代表作是《日知錄》。他對後世影響最大的觀點，是提出「亡國」與「亡天下」不同，強調文化絕不能亡。《日知錄》卷十三《正始》說：「有亡國，有亡天下。亡國與亡天下奚辨？曰：易姓改號，謂之亡國。仁義充塞，而至於率獸食人，人將相食，謂之亡天下。」「是故知保天下，然後知保國。保國者，其君其臣肉食者謀之；保天下者，匹夫之賤，與有責焉耳矣。」此後，「天下興亡，匹夫有責」之聲響徹全國。顧炎武的擔當又有了新高度：一是把天下興亡解讀為仁義存廢，也就是孔孟之道能否傳承。假如它被拋棄，中華文明不復存在，必陷萬劫不復之地；二是把文化擔當的責任者從少數學人擴大到所有國民。所謂「匹夫」，即普通人，人人都有責任為中華文化的保存和發揚盡一份心，只是分工有不同、責任有大小而已。比如當政者用中華優秀文化治國理政，學者從理論上繼承創新儒學並使之經世致用，專業人士在自己領域遵守職業道德，工商界人士以義導利，農民以誠儉持家、和睦鄉里、淳厚風俗等，皆可有所作為。只有擔當成為多數民眾的自覺責任時，天下之興才有充分保證。

周恩來總理為國家鞠躬盡瘁

最後，我們要講一講敬愛的周恩來總理的故事。

周總理是公認的偉大的革命家、政治家、軍事家、外交家，是共和國開國元勛，一生肩負民族復興大任，鞠躬盡瘁，死而後已，贏得全國人民的衷心愛戴。他青少年時期即決心獻身於中華民族解放事業，1917年19歲的他赴日留學前寫下一首《無題》詩：

大江歌罷掉頭東，邃密群科濟世窮。
面壁十年圖破壁，難酬蹈海亦英雄。

此詩數處引用典故和史例：「大江歌罷」出自蘇軾詞《念奴嬌．赤壁懷古》，氣勢磅礴；「邃密」之義是深刻細密，朱熹有句「舊學商量加邃密，新知培養轉深沉」；「面壁」引自禪宗初祖達摩在嵩山面壁九年苦修；「蹈海」指清末民主革命家陳天華在日本參加孫中山同盟會工作，為抗議日本《清國留學生取締規則》對中國人的歧視，蹈海殉國。

周恩來立志深入學習外國先進知識以救國，像當年達摩那樣去磨煉自己，以便能夠打破舊制度、建設新中國，即使為此而犧牲也是正氣長存的英豪。他還曾寫《送蓬仙兄返里有感》三首，其一曰：

相逢萍水亦前緣，負笈津門豈偶然。
捫蝨傾談驚四座，持螯下酒話當年。
險夷不變應嚐膽，道義爭擔敢息肩。
待得歸農功滿日，他年預卜買鄰錢。

《史記．越王勾踐世家》載勾踐敗於吳，返國，「乃苦身焦思，置膽於坐，坐臥即仰膽，飲食亦嚐膽也」。後來蘇軾加「臥薪」於「嚐膽」之前，表示於艱難中磨煉，時刻不忘實現遠大目標。明代賢臣楊繼盛提出「鐵肩擔道義，辣手著文章」，中國共產黨創始人之一李大釗將「辣」改為「妙」，題聯：「鐵肩擔道義，妙手著文章」。

周恩來在青年時即做好臥薪嚐膽的準備，決心以鐵肩擔起興國之道義。在第一次國共合作時期，他任黃埔軍校政治部主任，為北伐勝利立下大功。「西安事變」發生後，他受共產黨中央委派，赴西安與張學良商談，使「西安事變」和平解決，促成第二次國共合作和抗日統一戰線的建立。

1941 年蔣介石發動「皖南事變」，襲擊新四軍，軍長葉挺被俘，副軍長項英殉難。中國共產黨提出強烈抗議和譴責，周恩來在重慶《新華日報》上留空白題詩四句：「千古奇冤，江南一葉；同室操戈，相煎何急。」義正詞嚴，剛直凜然，同時揭露蔣氏視友為敵、置民族危難於不顧，應當猛醒，槍口須一致對外。

中華人民共和國成立以後，周恩來任總理長達 26 年，內政外交，重任在身，日夜操勞，從不稍懈，要求親屬嚴格，廉潔奉公，一身清氣。首倡「和平共處五項原則」，推動亞非會議成功，贏得世界正義人士讚揚，也使中國打破孤立狀態，朋友遍佈天下。在「文化大革命」十年浩劫中，面對極其複雜的特殊環境，身為中央政府首腦，周總理以超常的努力，忍辱負重、苦撐危局，使國家經濟不至於崩潰，尚能勉強運轉；同時盡全力保護了一大批黨的幹部、民主人士和知識分子。

周總理處變不驚，委曲以求全，從不灰心、從不躲避，剛柔相濟，在大風大浪中穩掌國家航行的舵向，與人民同甘苦、共命運，直到生命最後一天。

我還切身經歷過一件事，就是周總理於 1971 年做出指示，讓下放到河南幹校兩年的哲學社會科學部全體人員回京，從而為中國保存了一批人文研究骨幹力量。有賴於此，改革開放後中國哲學社會科學研究才得以順利復甦並繁榮發展。

由此可知，敢於擔當大任並為此而赴死並不是最難的，最難的是還要善於擔當，在意想不到的複雜情況下以大智慧把事情盡力做好，儘量減少損失，這就需要仁智勇兼備了。

結語

本書在分述「君子六有」之後，再從總體上談幾點看法。

第一，「君子六有」是一個有機綜合體，它們是多元一體的，具有高度的內在關聯性，缺其一則其餘不能成立，便無法成為君子。但在本書的古今故事中，君子六德的展現既互見共存，在特定時空中又往往有所側重，讀者細閱便可發現六者的整體性與豐富性。「君子六有」的分述是為了使君子人格明晰化、具體化，以便於人們掌握和實踐。筆者在分述中，時常在談「一有」時連帶談其餘「五有」，讀者在分章閱讀時不必受多元的偈限，而應在有分有合中全面把握君子人格的有機生命，努力將之內化為自己的生命。

第二，君子人格論的用意主要在於普及，期望在社會各行各業中推動君子群體的形成。當初孔子說過「君子不器」，不希望他的弟子只懂專門手藝，意在為國家造就棟樑之材，那是由於當時私學剛興，人才培養能力有限。現在是教育發達、社會分工愈益細密，時代呼喚棟樑英才，也呼喚各行各業有大批君子出來擔當重任，同時，我們也有條件培育出君子群英。社會需要政君子、士君子、軍君子、商君子、農君子、工君子、藝君子、師君子、醫君子、匠君子、少君子等，他們用君子六德發揮眾智、眾勇、眾行，形成合力，推動社會各領域、各階層各行業樹新風、創新業、建新功。君子群英越多越好。

第三，在培育君子人格事業中，教育起着關鍵的作用。十年樹木，百年樹人，一個民族是否有希望，要看是否重視教育，要看青少年一代能否健康成長、是否具有健全的人格。而對於青少年的培養，主要責任在教師。在各行各業中，我們應當和必須要求大中小學的老師率先成為君子，君子之德就是師德，是當一名教師的基本資質，然後才是專業能力和教學方法。有大批君子教師在崗，才會有大量的君子學生出現。「子曰：『志於道，據於德，依於仁，遊於藝。』」「子以四教：文（經典）、行、忠、信。」荀子說：「學莫便乎近其人，學之經莫速乎好其人。」韓愈說：「古之學者必有師，師者所以傳道、授業、解惑也。」把立德樹人放在教育第一位，是中國教育好傳統。我們必須大力糾正學校輕德重智、只教書不育人的不良教育傾向。

第四，弘揚君子文化、造就君子群英，要克服悲觀情緒，增強必勝信心。由於種種原因，當前社會道德有所滑坡，一些人認為提倡道德是白費功夫，如能獨善其身、明哲保身就不錯了。但筆者不這樣看：其一，要看到好人還是多數，不過有時他們是沉默的大多數，還缺少凝聚力與發聲的空間。其二，做人不做小人而做君子，是人心所向、大勢所趨，是自利利人的事。君子安心，小人糾結；君子快樂，小人煩惱；君子有尊嚴，小人無人格；君子有朋友，小人苦孤獨；君子事業得道多助，小人做事失道寡助。正氣代表多數人的利益和追求。其三，傳統美德的恢復需要時間，市場倫理的建設需要積累，人們會在深受惡風劣俗之害中不斷吸取教訓，不願意看到人人在損人利己的同時也以害己告終，小人得不到幸福，罪人要受法律制裁，膨脹的慾望會落得人財兩空。所以犯罪受罰者往往追悔莫及。

第五，現實生活中已經出現良好的趨勢，好人好事越來越多了，有些地方已在移風易俗上走在前頭，需要及時總結、鼓勵和推廣，相信榜樣的力量是無窮的。孔子說：「君子之德（品性）風，小人之德草，草上之（有）風必偃。」這就是邪不壓正的道理。當然它需要君子群體達到一定數量和協調程度，才能使道德之風颳起來，使小人的品性倒向君子，從而學習君子。君子之道與小人之道互為消長，君子之道長，小人之道便消，反之亦然。我們致力於獎勵君子道德善舉，小人之道便會日漸衰退。

現在社會道德風尚正在向好的方面轉化，使人寬慰的事情越來越多，如2008年北京奧運會以來，志願者隊伍日益壯大，許多青年人紛紛加入。他們踐行着一種超出功利的生活，使身心在奉獻大眾的道德境界裏享受着真正的快樂。志願者隊伍就是滋養君子的群體，寄託着中華民族復興的希望。社會各界要愛護他們、支持他們，把志願者的事業推廣做大。如山東威海倡導助人為樂、誠實守信、孝老愛親，用行動書寫「君子之風，美德威海」的文明篇章，現已有25萬個志願者，1000多名志願者團隊，道德新風在全市勁吹，威海正在成為風光美麗、風氣美善的「雙美城市」。

這些都給了我們信心：只要政府重視、精英先行、大眾參與，君子之良風便會漸盛，小人之濁習便會漸衰，禮儀之邦必將重現在神州大地上。

附錄

一　先秦經典論君子、志士仁人語錄（節選）

1　《論語》

《學而》

人不知而不慍，不亦君子乎？

君子務本，本立而道生。孝弟也者，其為仁之本與！

君子不重則不威，學則不固。主忠信，無友不如己者，過則勿憚改。

君子食無求飽，居無求安，敏於事而慎於言，就有道而正焉。可謂好學也已。

《為政》

君子不器。

君子周而不比，小人比而不周。

《**八佾**》

君子無所爭，必也射乎！揖讓而升，下而飲。其爭也君子。

《**里仁**》

君子去仁，惡乎成名？君子無終席之間違仁，造次必於是，顛沛必於是。

唯仁者能好人，能惡人。

士志於道，而恥惡衣惡食者，未足與議也。

君子之於天下也，無適也，無莫也，義與之比。

君子喻於義，小人喻於利。

君子欲訥於言而敏於行。

《**公冶長**》

子謂子產：「有君子之道四焉：其行己也恭，其事上也敬，其養民也惠，其使民也義。」

《**雍也**》

君子周急不濟富。

質勝文則野，文勝質則史。文質彬彬，然後君子。

君子博學於文，約之以禮，亦可以弗畔矣夫。

子貢曰：「如有博施於民而能濟眾，何如？可謂仁乎？」子曰：「何事於仁，必也聖乎！堯舜其猶病諸！夫仁者，己欲立而立人，己欲達而達人。能近取譬，可謂仁之方也已。」

《**述而**》

志於道，據於德，依於仁，遊於藝。

仁遠乎哉？我欲仁，斯仁至矣。

君子坦蕩蕩，小人長戚戚。

《**泰伯**》

君子篤於親，則民興於仁。

曾子曰：「可以託六尺之孤，可以寄百里之命，臨大節而不可奪也。君子人與？君子人也。」

曾子曰：「士不可以不弘毅，任重而道遠。任以為己任，不亦重乎？死而後已，不亦遠乎？」

《顏淵》

為仁由己，而由人乎哉？

君子不憂不懼。

君子成人之美，不成人之惡；小人反是。

君子之德風，小人之德草，草上之風必偃。

樊遲問仁。子曰：「愛人。」

曾子曰：「君子以文會友，以友輔仁。」

《子路》

故君子名之必可言也，言之必可行也。君子於其言，無所苟而已矣。

君子和而不同，小人同而不和。

君子易事而難說也。

君子泰而不驕，小人驕而不泰。

《憲問》

君子上達，小人下達。

君子恥其言而過其行。

君子道者三，我無能焉：仁者不憂，知者不惑，勇者不懼。

子路問君子。子曰：「修己以敬。」曰：「如斯而已乎？」曰：「修己以安人。」曰：「如斯而已乎？」曰：「修己以安百姓。修己以安百姓，堯舜其猶病諸！」

《衛靈公》

君子固窮，小人窮斯濫矣。

君子哉蘧伯玉！邦有道則仕，邦無道則可卷而懷之。

志士仁人，無求生以害仁，有殺身以成仁。

君子義以為質，禮以行之，孫以出之，信以成之。君子哉！

君子病無能焉，不病人之不己知也。

君子求諸己，小人求諸人。

君子矜而不爭，群而不黨。

君子不以言舉人，不以人廢言。

子貢問曰：「有一言而可以終身行之者乎？」子曰：「其恕乎！己所不欲，勿施於人。」

君子謀道不謀食。

君子憂道不憂貧。

君子不可小知，而可大受也；小人不可大受，而可小知也。

君子貞而不諒。

《季氏》

君子有三戒：少之時，血氣未定，戒之在色；及其壯也，血氣方剛，戒之在鬥；及其老也，血氣既衰，戒之在得。

君子有三畏：畏天命，畏大人，畏聖人之言。小人不知天命而不畏也，狎大人，侮聖人之言。

君子有九思：視思明，聽思聰，色思溫，貌思恭，言思忠，事思敬，疑思問，忿思難，見得思義。

《陽貨》

君子義以為上。君子有勇而無義為亂，小人有勇而無義為盜。

《微子》

微子去之，箕子為之奴，比干諫而死。孔子曰：「殷有三仁焉。」

君子之仕也，行其義也，道之不行，已知之矣。

《子張》

子張曰：「士見危致命，見得思義，祭思敬，喪思哀，其可已矣。」

君子尊賢而容眾，嘉善而矜不能。

子夏曰：「博學而篤志，切問而近思，仁在其中矣。」
子夏曰：「百工居肆以成其事，君子學以致其道。」
子夏曰：「小人之過也必文。」
子貢曰：「君子之過也，如日月之食焉。過也，人皆見之；更也，人皆仰之。」

2 《墨子》

《親士》

吾聞之曰：「非無安居也，我無安心也；非無足財也，我無足心也。」是故君子自難而易彼，眾人自易而難彼。君子進不敗其志，內究其情，雖雜庸民，終無怨心，彼有自信者也。

《修身》

君子戰雖有陳，而勇為本焉；喪雖有禮，而哀為本焉；士雖有學，而行為本焉。
君子之道也，貧則見廉，富則見義，生則見愛，死則見哀。四行者不可虛假，反之身者也。

《尚賢下》

而今天下之士君子，居處言語皆尚賢，逮至其臨眾發政而治民，莫知尚賢而使能。我以此知天下之士君子明於小而不明於大也。

《兼愛中》

然而今天下之士君子曰：「然，乃若兼則善矣，雖然，天下之難物於故也。」子墨子言曰：「天下之士君子，特不識其利，辯其故也。今若夫攻城野戰，殺身為名，此天下百姓之所皆難也。苟君說之，則士眾能為之。況於兼相愛、交相利，則與此異。夫愛人者，人必從而愛之；利人者，人必從而利之；惡人者，人必從而惡之；害人者，人必從而害之。此何難之有？特上弗以為政，士不以為行故也。」

是故子墨子言曰：「今天下之君子，忠實欲天下之富而惡其貧，欲天下之治而惡其亂，當兼相愛、交相利。此聖王之法，天下之治道也，不可不務為也。」

《兼愛下》

子墨子言曰：「仁人之事者，必務求興天下之利，除天下之害。」然當今之時，天下之害孰為大？曰：「若大國之攻小國也，大家之亂小家也；強之劫弱，眾之暴寡，詐之謀愚，貴之敖賤，此天下之害也。」

故兼者，聖王之道也，王公大人之所以安也，萬民衣食之所以足也。故君子莫若審兼而務行之，為人君必惠，為人臣必忠，為人父必慈，為人子必孝，為人兄必友，為人弟必悌。故君子莫若欲為惠君、忠臣、慈父、孝子、友兄、悌弟，當若兼之不可不行也，此聖王之道而萬民之大利也。

《非攻上》

今小為非，則知而非之；大為非攻國，則不知非，從而譽之，謂之義。此可謂知義與不義之辯乎？是以知天下之君子也，辯義與不義之亂也。

《非攻中》

是故子墨子言曰：「古者有語曰：『君子不鏡於水，而鏡於人。鏡於水，見面之容；鏡於人，則知吉與凶。』」

《天志中》

是故子墨子曰：「今天下之王公大人士君子，中實將欲遵道利民，本察仁義之本，天之意不可不順也。」

3 《孟子》

《公孫丑下》

古之君子，過則改之；今之君子，過則順之。古之君子，其過也，如日月之食，民皆見之；及其更也，民皆仰之。今之君子，豈徒順之，又從為之辭。

《滕文公下》

居天下之廣居，立天下之正位，行天下之大道。得志，與民由之；不得志，獨行其道。富貴不能淫，貧賤不能移，威武不能屈。此之謂大丈夫。

古之人未嘗不欲仕也，又惡不由其道。不由其道而往者，與鑽穴隙之類也。

《**離婁上**》

言非禮義，謂之自暴也；吾身不能居仁由義，謂之自棄也。仁，人之安宅也；義，人之正路也。

《**離婁下**》

大人者，不失其赤子之心者也。

人之所以異於禽獸者幾希，庶民去之，君子存之。

君子所以異於人者，以其存心也。君子以仁存心，以禮存心。仁者愛人，有禮者敬人。愛人者，人恆愛之；敬人者，人恆敬之。有人於此，其待我以橫逆，則君子必自反也：我必不仁也，必無禮也，此物奚宜至哉？其自反而仁矣，自反而有禮矣，其橫逆由是也，君子必自反也：我必不忠。自反而忠矣，其橫逆由是也，君子曰：「此亦妄人也已矣。如此，則與禽獸奚擇哉？於禽獸又何難焉？」是故君子有終身之憂，無一朝之患也。

《**告子上**》

生，亦我所欲也；義，亦我所欲也，二者不可得兼，舍生而取義者也。

從其大體為大人，從其小體為小人。

先立乎其大者，則其小者弗能奪也。此為大人而已矣。

《告子下》

君子亦仁而已矣，何必同？

君子之事君也，務引其君以當道，志於仁而已。

故天將降大任於是人也，必先苦其心志，勞其筋骨，餓其體膚，空乏其身，行拂亂其所為，所以動心忍性，曾益其所不能。

入則無法家拂士，出則無敵國外患者，國恆亡。然後知生於憂患而死於安樂也。

《盡心上》

士窮不失義，達不離道。

窮則獨善其身，達則兼善天下。

君子有三樂，而王天下不與存焉。父母俱存，兄弟無故，一樂也；仰不愧於天，俯不怍於人，二樂也；得天下英才而教育之，三樂也。

君子居是國也，其君用之，則安富尊榮；其子弟從之，則孝弟忠信。

君子之所以教者五：有如時雨化之者，有成德者，有達財者，有答問者，有私淑艾者。

君子之於物也，愛之而弗仁；於民也，仁之而弗親。親親而仁民，仁民而愛物。

4 《荀子》

《勸學》

君子曰：「學不可以已。」

青，取之於藍而青於藍；冰，水為之而寒於水。木直中繩，輮以為輪，其曲中規，雖有槁暴，不復挺者，輮使之然也。故木受繩則直，金就礪則利，君子博學而日參省乎己，則知明而行無過矣。

故君子居必擇鄉，遊必就士，所以防邪僻而近中正也。

故言有召禍也，行有招辱也，君子慎其所立乎！

積土成山，風雨興焉；積水成淵，蛟龍生焉；積善成德，而神明自得，聖心備焉。故不積跬步，無以至千里；不積小流，無以成江海。騏驥一躍，不能十步；駑馬十駕，功在不舍。鍥而舍之，朽木不折；鍥而不舍，金石可鏤。蚓無爪牙之利，筋骨之強，上食埃土，下飲黃泉，用心一也。蟹六跪而二螯，非蛇、蟺之穴無可寄託者，用心躁也。

是故無冥冥之志者，無昭昭之明；無惛惛之事者，無赫赫之功。行衢道者不至，事兩君者不容。目不能兩視而明，耳不能兩聽而聰。螣蛇無足而飛，鼫鼠五技而窮。《詩》曰：「鳲鳩在桑，其子七兮。淑人君子，其儀一兮。其儀一兮，心如結兮！」故君子結於一也。

學惡乎始？惡乎終？曰：其數則始乎誦經，終乎讀禮；其義則始乎為士，終乎為聖人。真積力久則入，學至乎沒而後止也。故學數有終，若其義則不可須臾舍也。為之，人也；舍之，禽獸也。

君子之學也，入乎耳，著乎心，佈乎四體，形乎動靜；端而言，蝡而動，一可以為法則。小人之學也，入乎耳，出乎口。口耳之間則四寸耳，曷足以美七尺之軀哉！古之學者為己，今之學者為人。君子之學也，以美其身；小人之學也，以為禽犢。

君子知夫不全不粹之不足以為美也，故誦數以貫之，思索以通之，為其人以處之，除其害者以持養之。使目非是無欲見也，使耳非是無欲聞也，使口非是無欲言也，使心非是無欲慮也。及至其致好之也，目好之五色，耳好之五聲，口好之五味，心利之有天下。是故權利不能傾也，群眾不能移也，天下不能蕩也。生乎由是，死乎由是，夫是之謂德操。德操然後能定，能定然後能應。能定能應，夫是之謂成人。天見其明，地見其光，君子貴其全也。

《修身》

見善，修然必以自存也；見不善，愀然必以自省也。善在身，介然必以自好也；不善在身，菑然必以自惡也。故非我而當者，吾師也；是我而當者，吾友也；諂諛我者，吾賊也。故君子隆師而親友，以致惡其賊。好善無厭，受諫而能誡，雖欲無進，得乎哉？小人反是，致亂，而惡人之非己也；致不肖，而欲人之賢己也；心如虎狼，行如禽獸，而又惡人之賊己也。諂諛者親，諫諍者疏，修正為笑，至忠為賊，雖欲無滅亡，得乎哉？

志意修則驕富貴，道義重則輕王公，內省而外物輕矣。傳曰：「君子役物，小人役於物。」此之謂矣。身勞而心安，為之；利少而義多，為之。事亂君而通，不如事窮君而順焉。故良農不為水旱不耕，良賈不為折閱不市，士君子不為貧窮怠乎道。

好法而行，士也；篤志而體，君子也；齊明而不竭，聖人也。

君子之求利也略，其遠害也早，其避辱也懼，其行道理也勇。君子貧窮而志廣，富貴而體恭，安燕而血氣不惰，勞倦而容貌不枯，怒不過奪，喜不過予。君子貧窮而志廣，隆仁也；富貴而體恭，殺勢也；安燕而血氣不惰，柬理也；勞倦而容貌不枯，好交也。怒不過奪，喜不過予，是法勝私也。《書》曰：「無有作好，遵王之道；無有作惡，遵王之路。」此言君子之能以公義勝私欲也。

《不苟》

君子行不貴苟難，說不貴苟察，名不貴苟傳，唯其當之為貴。

君子易知而難狎，易懼而難脅，畏患而不避義死，欲利而不為所非，交親而不比，言辯而不辭。蕩蕩乎！其有以殊於世也。

君子能則寬容易直以開道人，不能則恭敬繜絀以畏事人；小人能則倨傲僻違以驕溢人，不能則妒嫉怨誹以傾覆人。故曰：君子能則人榮學焉，不能則人樂告之；小人能則人賤學焉，不能則人羞告之。是君子、小人之分也。

君子寬而不僈，廉而不劌，辯而不爭，察而不激，寡立而不勝，堅強而不暴，柔從而不流，恭敬謹慎而容，夫是之謂至文。

君子崇人之德，揚人之美，非諂諛也；正義直指，舉人之過，非毀疵也；言己之光美，擬於舜、禹，參於天地，非誇誕也；與時屈伸，柔從若蒲葦，非懾怯也；剛強猛毅，靡所不信，非驕暴也。以義變應，知當曲直故也。《詩》曰：「左之左之，君子宜之；右之右之，君子有之。」此言君子能以義屈信變應故也。

君子，小人之反也。君子大心則敬天而道，小心則畏義而節；知則明通而類，愚則端慤而法；見由則恭而止，見閉則敬而齊；喜則和而治，憂則靜而理；通則文而明，窮則約而詳。小人則不然，大心則慢而暴，小心則淫而傾；知則攫盜而漸，愚則毒賊而亂；見由則兑而倨，見閉則怨而險；喜則輕而翾，憂則挫而懾；通則驕而偏，窮則棄而儑。傳曰：「君子兩進，小人兩廢。」此之謂也。

君子養心莫善於誠，致誠則無它事矣。唯仁之為守，唯義之為行。誠心守仁則形，形則神，神則能化矣；誠心行義則理，理則明，明則能變矣。變化代興，謂之天德。天不言而人推高焉，地不言而人推厚焉，四時不言而百姓期焉。

天地為大矣，不誠則不能化萬物；聖人為知矣，不誠則不能化萬民；父子為親矣，不誠則疏；君上為尊矣，不誠則卑。夫誠者，君子之所守也，而政事之本也。

君子位尊而志恭，心小而道大，所聽視者近，而所聞見者遠。

公生明，偏生暗，端慤生通，詐偽生塞，誠信生神，誇誕生禍。此六生者，君子慎之，而禹、桀所以分也。

《榮辱》

義之所在，不傾於權，不顧其利，舉國而與之不為改視，重死持義而不橈，是士君子之勇也。

材性知能，君子、小人一也。好榮惡辱，好利惡害，是君子、小人之所同也，若其所以求之之道則異矣。

《非相》

術正而心順之，則形相雖惡而心術善，無害為君子也；形相雖善而心術惡，無害為小人也。

《非十二子》

士君子之所能不能為：君子能為可貴，不能使人必貴己；能為可信，不能使人必信己；能為可用，不能使人必用己。

《儒效》

君子之所謂賢者，非能遍能人之所能之謂也；君子之所謂知者，非能遍知人之所知之謂也；君子之所謂辯者，非能遍辯人之所辯之謂也；君子之所謂察者，非能遍察人之所察之謂也：有所止矣。相高下，視磽肥，序五種，君子不如農人；通財貨，相美惡，辯貴賤，君子不如賈人；設規矩，陳繩墨，便備用，君子不如工人。不恤是非，然不然之情，以相薦撙，以相恥怍，君子不若惠施、鄧析。若夫譎德而定次，量能而授官，使賢不肖皆得其位，能不能皆得其官，萬物得其宜，事變得其應，慎、墨不得進其談，惠施、鄧析不敢竄其察，言必當理，事必當務，是然後君子所長也。

故君子無爵而貴，無祿而富，不言而信，不怒而威，窮處而榮，獨居而樂；豈不至尊、至富、至重、至嚴之情舉積此哉！

《王制》

選賢良，舉篤敬，興孝弟，收孤寡，補貧窮，如是，則庶人安政矣。庶人安政，然後君子安位。傳曰：「君者，舟也；庶人者，水也。水則載舟，水則覆舟。」此之謂也。

天地者，生之始也；禮義者，治之始也；君子者，禮義之始也。為之，貫之，積重之，致好之者，君子之始也。故天地生君子，君子理天地。君子者，天地之參也，萬物之總也，民之父母也。無君子，則天地不理，禮義無統，上無君師，下無父子，夫是之謂至亂。

《致士》

無土則人不安居，無人則土不守，無道法則人不至，無君子則道不舉。故土之與人也，道之與法也者，國家之本作也；君子也者，道法之總要也，不可少頃曠也。得之則治，失之則亂；得之則安，失之則危；得之則存，失之則亡。故有良法而亂者有之矣，有君子而亂者，自古及今，未嘗聞也。傳曰：「治生乎君子，亂生乎小人。」此之謂也。

《禮論》

禮者，謹於治生死者也。生，人之始也；死，人之終也。終始俱善，人道畢矣。故君子敬始而慎終。終始如一，是君子之道，禮義之文也。夫厚其生而薄其死，是敬其有知而慢其無知也，是奸人之道而倍叛之心也。

祭者，志意思慕之情也，忠信愛敬之至矣，禮節文貌之盛矣，苟非聖人，莫之能知也。聖人明知之，士君子安行之，官人以為守，百姓以成俗。其在君子，以為人道也；其在百姓，以為鬼事也。

《樂論》

樂者，樂也。君子樂得其道，小人樂得其欲。以道制欲，則樂而不亂；以欲忘道，則惑而不樂。

《法行》

孔子曰：「君子有三恕：有君不能事，有臣而求其使，非恕也；有親不能報，有子而求其孝，非恕也；有兄不能敬，有弟而求其聽令，非恕也。士明於此三恕，則可以端身矣。」

孔子曰：「君子有三思，而不可不思也：少而不學，長無能也；老而不教，死無思也；有而不施，窮無與也。是故君子少思長，則學；老思死，則教；有思窮，則施也。」

5 《易傳》

《乾卦．象》

象曰：天行健，君子以自強不息。

《乾卦．文言》

《文言》曰：元者，善之長也；亨者，嘉之會也；利者，義之和也；貞者，事之幹也。君子體仁，足以長人，嘉會足以合禮，利物足以和義，貞固足以幹事。君子行此四德者，故曰：「乾，元亨利貞。」

九三曰：「君子終日乾乾，夕惕若，厲，無咎。」何謂也？子曰：「君子進德修業。忠信，所以進德也；修辭立其誠，所以居業也。」

君子學以聚之，問以辨之，寬以居之，仁以行之。

夫大人者，與天地合其德，與日月合其明，與四時合其序，與鬼神合其吉凶。先天而天弗違，後天而奉天時。

《坤卦・象》

象曰：地勢坤，君子以厚德載物。

《坤卦・文言》

君子敬以直內，義以方外，敬義立而德不孤。直方大，不習無不利，則不疑其所行也。

君子黃中通理，正位居體，美在其中，而暢於四支，發於事業，美之至也。

《繫辭上》

一陰一陽之謂道。繼之者善也，成之者性也。

仁者見之謂之仁，知者見之謂之知，百姓日用而不知，故君子之道鮮矣。

《繫辭下》

是故君子安而不忘危，存而不忘亡，治而不忘亂，是以身安而國家可保也。

子曰：「知幾其神乎？君子上交不諂，下交不瀆，其知幾乎。幾者，動之微，吉之先見者也。君子見幾而作，不俟終日。《易》曰：『介於石，不終日，貞吉。』介如石焉，寧用終日，斷可識矣。君子知微知彰，知柔知剛，萬夫之望。」

子曰：「君子安其身而後動，易其心而後語，定其交而後求。君子修此三者，故全也。危以動，則民不與也；懼以語，則民不應也；無交而求，則民不與也。莫之與，則傷之者至矣。」

6《禮記》

《曲禮上》

博聞強識而讓，敦善行而不怠，謂之君子。君子不盡人之歡，不竭人之忠，以全交也。

《檀弓上》

故君子有終身之憂，而無一朝之患。

君子之愛人也以德，細人之愛人也以姑息。

《學記》

君子如欲化民成俗，其必由學乎！

玉不琢，不成器；人不學，不知道。是故古之王者建國君民，教學為先。

君子既知教之所由興，又知教之所由廢，然後可以為人師也。

《祭義》

是故君子合諸天道，春禘秋嘗。霜露既降，君子履之，必有淒愴之心，非其寒之謂也。春，雨露既濡，君子履之，必有怵惕之心，如將見之。

《哀公問》

君子也者，人之成名也。

《中庸》

仲尼曰：「君子中庸，小人反中庸。君子之中庸也，君子而時中；小人之中庸也，小人而無忌憚也。」

故君子和而不流，強哉矯！

君子之道，費而隱。夫婦之愚，可以與知焉，及其至也，雖聖人亦有所不知焉；夫婦之不肖，可以能行焉，及其至也，雖聖人亦有所不能焉。

君子之道四，丘未能一焉：所求乎子，以事父未能也；所求乎臣，以事君未能也；所求乎弟，以事兄未能也；所求乎朋友，先施之未能也。

故君子尊德性而道問學，致廣大而盡精微，極高明而道中庸。溫故而知新，敦厚以崇禮。

是故君子動而世為天下道，行而世為天下法，言而世為天下則。

故君子內省不疚，無惡於志。君子之所不可及者，其唯人之所不見乎。

《詩》云：「相在爾室，尚不愧於屋漏。」故君子不動而敬，不言而信。

《表記》

子言之：「歸乎！君子隱而顯，不矜而莊，不厲而威，不言而信。」

子曰：「君子不失足於人，不失色於人，不失口於人。是故君子貌足畏也，色足憚也，言足信也。」

《大學》

大學之道，在明明德，在親民，在止於至善。

湯之《盤銘》曰：「苟日新，日日新，又日新。」《康誥》曰：「作新民。」《詩》曰：「周雖舊邦，其命惟新。」是故君子無所不用其極。

《詩》云：「於戲！前王不忘。」君子賢其賢而親其親，小人樂其樂而利其利，此以沒世不忘也。

所謂誠其意者，毋自欺也，如惡惡臭，如好好色，此之謂自謙，故君子必慎其獨也！

人之視己，如見其肺肝然，則何益矣。此謂誠於中，形於外，故君子必慎其獨也！曾子曰：「十目所視，十手所指，其嚴乎！」富潤屋，德潤身，心廣體胖，故君子必誠其意。

是故君子有諸己而後求諸人，無諸己而後非諸人。所藏乎身不恕，而能喻諸人者，未之有也。

道得眾則得國，失眾則失國，是故君子先慎乎德。有德此有人，有人此有土，有土此有財，德者本也，財者末也。

是故君子有大道，必忠信以得之，驕泰以失之。

二　相關經典注釋文獻舉要

《論語》

《論語譯注》，楊伯峻，中華書局，1980 年。

《論語》上下冊，中華傳統文化經典教師讀本，錢遜，濟南出版社，2015 年。

《論語讀本》上下冊，大眾國學經典，趙法生，中國人民大學出版社，2016 年。

《墨子》

《墨子閒詁》上下冊，新編諸子集成，孫詒讓，中華書局，1954 年。

《墨子校釋》，王煥鑣，浙江古籍出版社，1987 年。

《墨子白話今譯》，吳龍輝，中國書店，1992 年。

《孟子》

《孟子譯注》，楊伯峻，中華書局，1960 年。

《孟子》上下冊，中華傳統文化經典教師讀本，顏炳罡，濟南出版社，2015 年。
《孟子讀本》，大眾國學經典，解光宇、劉豔、丁曉慧，中國人民大學出版社，2016 年。

《荀子》

《荀子簡注》，章詩同，上海人民出版社，1974 年。
《荀子校釋》，王天海，上海古籍出版社，2005 年。
《荀子新探》，廖名春，中國人民大學出版社，2014 年。

《周易》

《周易大傳新注》，徐志鋭，齊魯書社，1986 年。
《周易譯注》，黃壽祺、張善文，上海古籍出版社，1989 年。
《周易》，國學經典規範讀本，馮國超，商務印書館，2009 年。

《禮記》

《禮記今注今譯》，王夢鷗，新世界出版社，2011 年。

《禮記譯注》，楊天宇，上海古籍出版社，1997 年。
《禮記譯解》，王文錦，中華書局，2016 年。

《四書》

《四書章句集注》，新編諸子集成（第一輯），朱熹，中華書局，1983 年。
《四書譯注》，褚世昌，黑龍江人民出版社，2009 年。

三　君子故事出處主要參考文獻

《鄭板橋集》，上海古籍出版社，1962 年。
《古文觀止》，上海書店，1982 年。
《老安少懷：煙台恤養院研究》，李光偉，人民出版社，2016 年。
《民間儒者的一顆仁愛之心》，牟廣熙著，牟鍾鑒編，人民出版社，2017 年。
《愛因斯坦文集》，商務印書館，2010 年。

《探索宗教》，牟鍾鑒，宗教文化出版社，2008 年。

《朱柏廬治家格言》，廣陵書社，2009 年。

《論共產黨員的修養》，劉少奇，人民出版社，1980 年。

《中國近代史》，范文瀾，人民出版社，1955 年。

《中國抗日戰爭史簡明讀本》，人民出版社，2015 年。

《史記》，中華書局標點本。

《陶淵明全集》，上海古籍出版社，1998 年。

《貞觀政要》，吳兢，時代文藝出版社，2001 年。

《陳毅詩詞選集》，人民文學出版社，1977 年。

《〈呂氏春秋〉與〈淮南子〉思想研究》，牟鍾鑒，人民出版社，2013 年。

《先生還在身邊——民大名師紀念文集》，牟鍾鑒，中央民族大學出版社，2015 年。

《三松堂自序》，馮友蘭，生活·讀書·新知三聯書店，1984 年。

《涵泳儒學》，牟鍾鑒，中央民族大學出版社，2011 年。

《四書章句集注》，中華書局，1983 年。

《明代思想史》，容肇祖，開明書店，1941 年。

《評注聊齋志異選》，中山大學中文系《聊齋志異》選評小組，人民文學出版社，1977 年。
《漢書》，司馬遷，中華書局標點本。
《宋史》，中華書局標點本。
《宋元學案》，中華書局，1986 年。
《明夷待訪錄譯注》，李偉，嶽麓書社，2008 年。
《日知錄集釋》，黃汝成，上海古籍出版社，2006 年。
《周恩來選集》，人民出版社，1997 年。
《在紀念周恩來同志誕辰 120 周年座談會上的講話》，新華社，2018 年 3 月 1 日。

□責任編輯：周文博
□封面設計：任媛媛
□排　　版：黎　浪
□印　　務：林佳年

君子人格六講

□
著
牟鍾鑒

□
出版
中華書局（香港）有限公司
香港北角英皇道 499 號北角工業大廈一樓 B
電話：（852）21372338 傳真：（852）27138202
電子郵件：info@chunghwabook.com.hk
網址：http：//www.chunghwabook.com.hk

□
發行
香港聯合書刊物流有限公司
香港新界荃灣德士古道 220-248 號
荃灣工業中心 16 樓
電話：（852）2150 2100　傳真：（852）2407 3062
電子郵件：info@suplogistics.com.hk

□
印刷
美雅印刷製本有限公司
香港觀塘榮業街 6 號海濱工業大廈 4 樓 A 室

□
版次
2021 年 5 月第 1 次印刷

□
規格
32 開（200mm × 142mm）

□
ISBN：978-988-8758-96-8

本書中文繁體字版由中華書局（北京）授權出版。